本と出会う本

弁護士
仲谷栄一郎

弘文堂

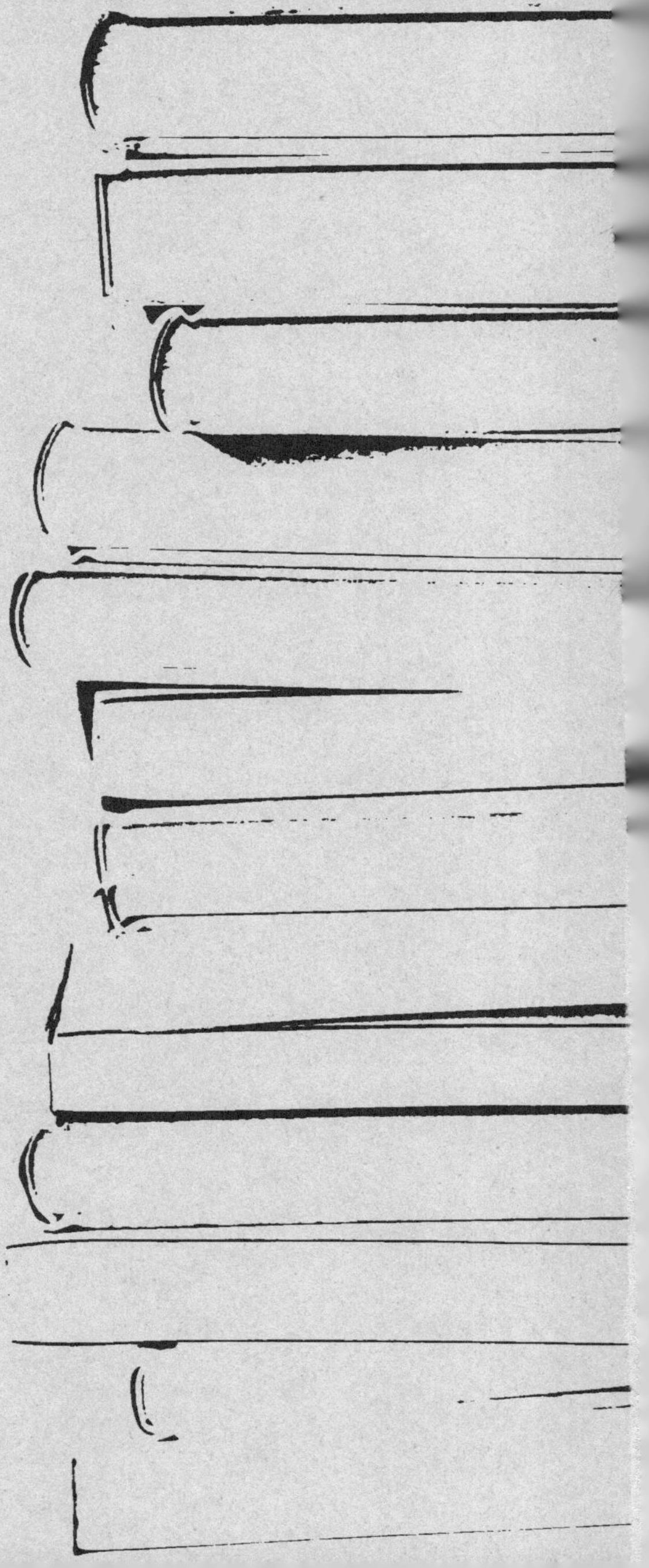

本と出会う本

仲谷栄一郎＝著

本と出会う本

仲谷栄一郎＝著

2024年
四六判／184頁
定価1980円
（本体1800円）

弘文堂

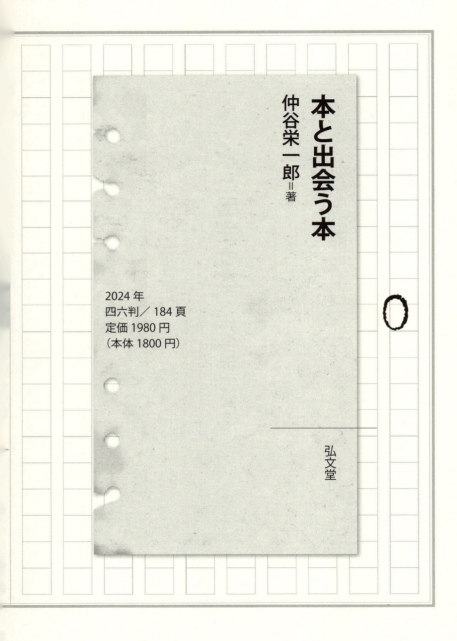

十五年間にわたる八十四冊分の書評をまとめた本である。著者は国際取引を専門にする弁護士だが、法律書は少なく、経済、歴史、芸術、宗教、文芸、科学など幅広い分野に及ぶ。

「作風」も幅広い。『仏像』や『火の路』などの古典的名著では、薬師寺再訪やテレビ放映などの個人的な経験や感想が軸になり、エッセーの観を呈する。これに対し、『ジョイント・ベンチャー戦略大全』や『続・会社法の基本問題』などの専門書では、内容を粛々と紹介する。そのほかにも多彩な作風が展開され、「書評のカタログ」として読むのも面白いかもしれない。

分野・作風にかかわらず共通して見受けられるのは、その本のテーマを超えて普遍的に通用する何かを伝えようとする姿勢である。たとえその分野に興味がなかった読者でも、新たな出会いによって読書の世界を広げることができるだろう。

なお、全編を通じ「面白い」「出会う」「ネタバレ（しない）」という語の登場頻度が高く、まさに本書のエッセンスを示している――面白い本と出会うきっかけを作る（ネタバレなしに）。

0
本と出会う本
仲谷栄一郎＝著

1
偉大なる国へ
GREAT JAPAN
黒船はもう来ない！
チャールズ・D．レイクⅡ＝著

2
金融社会主義
クラッシュに続く混乱と清算の30年
高田創・柴崎健・石原哲夫＝著

3
民法読解　総則編
大村敦志＝著

4
「英語」力は人間力
石川吉紀＝著

5
藝術の国日本
画文交響
芳賀徹＝著

6
これからの「正義」の話をしよう
いまを生き延びるための哲学
マイケル・サンデル＝著　鬼澤忍＝訳

7
考えない練習
小池龍之介＝著

8
ソプラノ弁護士・大塚錥子の
日常生活なんでも法律相談
大塚錥子＝著

9
競争と公平感
市場経済の本当のメリット
大竹文雄＝著

10
親子のための仏教入門
我慢が楽しくなる技術
森政弘＝著

11 **日本語　語感の辞典**
中村明＝著

12 **「イギリス社会」入門**
日本人に伝えたい本当の英国
コリン・ジョイス＝著　森田浩之＝訳

13 **天皇陵の謎**
矢澤高太郎＝著

14 **大岡裁きの法律学**
岸本雄次郎＝著

15 **絶望の国の幸福な若者たち**
古市憲寿＝著

16 **日本の税金〔新版〕**
三木義一＝著

17 **日本はなぜ世界で認められないのか**
「国際感覚」のズレを読み解く
柴山哲也＝著

18 **社長は労働法をこう使え！**
プロ弁護士が教えるモンスター社員・ぶら下がり社員へのリアルな対応事例
向井蘭＝著

19 **社会をよくしてお金も稼げるしくみのつくりかた**
マッキンゼーでは気づけなかった世界を動かすビジネスモデル「Ｗｉｎの累乗」
小暮真久＝著

20 **独占禁止法**
菅久修一＝編著
品川武・伊永大輔・原田郁＝著

21 地べたで再発見！『東京』の凸《でこ》凹《ぼこ》地図
東京地図研究社＝著

22 英文契約書取扱説明書
国際取引契約入門
中村秀雄＝著

23 ジョイント・ベンチャー戦略大全
設計・交渉・法務のすべて
宍戸善一・福田宗孝・梅谷眞人＝著

24 「いいね！」が社会を破壊する
楡周平＝著

25 合同会社（ＬＬＣ）とパススルー税制
参加者のヤル気を１００％引き出す新しい事業のかたち
森信茂樹＝編著　野村資本市場研究所「経済活性化と合同会社の法制・税制の整備」研究会＝著

26 日本の色辞典
吉岡幸雄＝著

27 俳句歳時記〔第４版増補〕全５巻
角川学芸出版＝編

28 短歌のレシピ
俵万智＝著

29 契約書作成の実務と書式
企業実務家視点の雛形とその解説
阿部・井窪・片山法律事務所＝編

30 ニッポン景観論
アレックス・カー＝著

31 経済がわかる　論点50　２０１５
みずほ総合研究所＝著

32 起業のエクイティ・ファイナンス 経済革命のための株式と契約 磯崎哲也＝著

33 実務 電気通信事業法 藤田潔・髙部豊彦＝監修 髙嶋幹夫＝著

34 ウルトラマン「正義の哲学」 神谷和宏＝著

35 月の名前 高橋順子＝文 佐藤秀明＝写真

36 教養は「事典」で磨け ネットではできない「知の技法」 成毛眞＝著

37 国際租税法〔第3版〕 増井良啓・宮崎裕子＝著

38 東海道新幹線開業50周年記念 世界最速「車窓案内」 今尾恵介＝著

39 超高齢社会の法律、何が問題なのか 樋口範雄＝著

40 「神」と「仏」の物語 由良弥生＝著

41 言葉に関する問答集 総集編 文化庁＝編

42 ブラタモリ1 長崎 金沢 鎌倉 NHK「ブラタモリ」制作班＝監修

43 働く意義の見つけ方 仕事を「志事」にする流儀 小沼大地＝著

44 それでも、日本人は「戦争」を選んだ　加藤陽子＝著

45 AI時代の働き方と法　2035年の労働法を考える　大内伸哉＝著

46 遠山啓　行動する数楽者の思想と仕事　友兼清治＝編著

47 徳川家康　われ一人腹を切て、万民を助くべし　笠谷和比古＝著

48 訳せない日本語　日本人の言葉と心　大來尚順＝著

49 はじめてのNPO論　澤村明・田中敬文・黒田かをり・西出優子＝著

50 死の貌《かたち》　三島由紀夫の真実　西法太郎＝著

51 イサム・ノグチ　庭の芸術への旅　新見隆＝著

52 絶滅の人類史　なぜ「私たち」が生き延びたのか　更科功＝著

53 カラスの教科書　松原始＝著

54 江戸城の全貌 世界的巨大城郭の秘密 萩原さちこ＝著

55 フォッサマグナ 日本列島を分断する巨大地溝の正体 藤岡換太郎＝著

56 仏像〔完全版〕 心とかたち 望月信成・佐和隆研・梅原猛＝著

57 プラスチックの祈り 白石一文＝著

58 皇室と茶の湯 依田徹＝著

59 重森三玲　庭園の全貌 中田勝康＝著・写真

60 火の路〔新装版〕 松本清張＝著

61 哲学と宗教全史 出口治明＝著

62 絵を見る技術 名画の構造を読み解く 秋田麻早子＝著

63 実践事例からみる スクールロイヤーの実務 石坂浩・鬼澤秀昌＝編著 宍戸博幸＝著

64 方丈記に人と栖《すみか》の無常を読む 大隅和雄＝著

65 誰も知らない熊野の遺産 栂嶺レイ＝著

66 希望の法務 法的三段論法を超えて 明司雅宏＝著

67 東京裏返し 社会学的街歩きガイド 吉見俊哉＝著

68 デジタル変革後の「労働」と「法」 真の働き方改革とは何か？ 大内伸哉＝著

69 日本史の論点 邪馬台国から象徴天皇制まで 中公新書編集部＝編

70 機械カニバリズム 人間なきあとの人類学へ 久保明教＝著

71 よくわかる一神教 ユダヤ教、キリスト教、イスラム教から世界史をみる 佐藤賢一＝著

72 デジタル・ファシズム 日本の資産と主権が消える 堤未果＝著

73 書きたい人のためのミステリ入門 新井久幸＝著

74 一汁一菜でよいという提案 土井善晴＝著

75 アフターコロナの「法的社会」日本 社会・ビジネスの道筋と転換点を読む 長谷川俊明＝著

76 Slowdown 減速する素晴らしき世界 ダニー・ドーリング＝著 遠藤真美＝訳 山口周＝解説
77 投資思考 王道を歩き続けてきた著者が明かす、キャリアと人生を豊かにする26の原則 野原秀介＝著
78 世界の憲法・日本の憲法 比較憲法入門 新井誠・上田健介・大河内美紀・山田哲史＝編
79 能から紐解く日本史 大倉源次郎＝著
80 からだの錯覚 脳と感覚が作り出す不思議な世界 小鷹研理＝著
81 続・会社法の基本問題 江頭憲治郎＝著
82 リーガル・ラディカリズム 法の限界を根源から問う 飯田高・齋藤哲志・瀧川裕英・松原健太郎＝編
83 ぼくはイエローでホワイトで、ちょっとブルー ブレイディみかこ＝著
84 日本の父へ グスタフ・フォス＝著
おわりに

1

偉大なる国へ GREAT JAPAN

黒船はもう来ない！

チャールズ・D. レイクⅡ＝著

2009年
四六判／320頁
定価1760円
（本体1600円）

朝日新聞出版

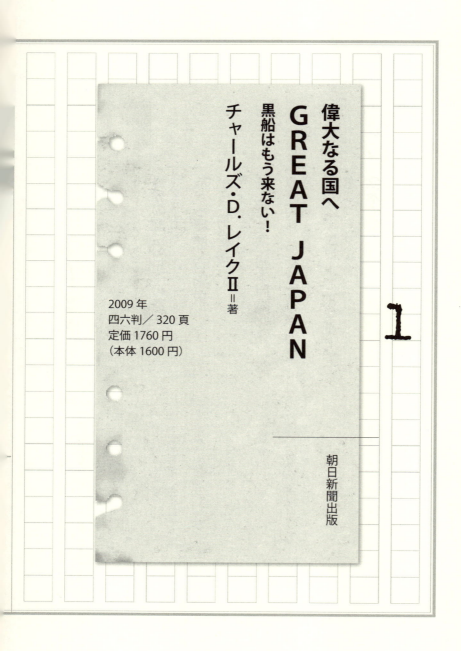

「自立せよ、日本」。米国はこれまでお決まりの筋書きで悪役を演じてきた。しかし日本が独自のビジョンを明確にできないなら、オバマ政権には日本の「歌舞伎政治」に付き合う余裕はない。

母親が日本人で、在日米国商工会議所の名誉会頭を務める著者は、日本がその文化や歴史の価値をグローバルな文脈で再認識することにより、過剰な自信喪失と閉塞感を払拭し、「国益」や「愛国心」を軸に自らの考えで判断・実行すべきであると主張する。

日本が競争力を強化するには、外国規制の見直しやコーポレート・ガバナンスの強化、教育への投資など多彩な戦略が考えられる。日本がそれを自覚することができれば、変革を迫る外圧、すなわち「黒船」は必要ないと、著者は誠実で周到な筆致で日本に自立を求めている。

文字どおり日本を「母(の)国」とする著者が、本書のような優しく厳しいエールを「個人的黒船」として今後とも送り続けてくれることを願わずにはいられない。

(二〇〇九年六月一日掲載)

2

金融社会主義

クラッシュに続く混乱と清算の30年

高田創・柴崎健・石原哲夫＝著

東洋経済新報社

2009年
四六判／248頁
定価1980円
（本体1800円）

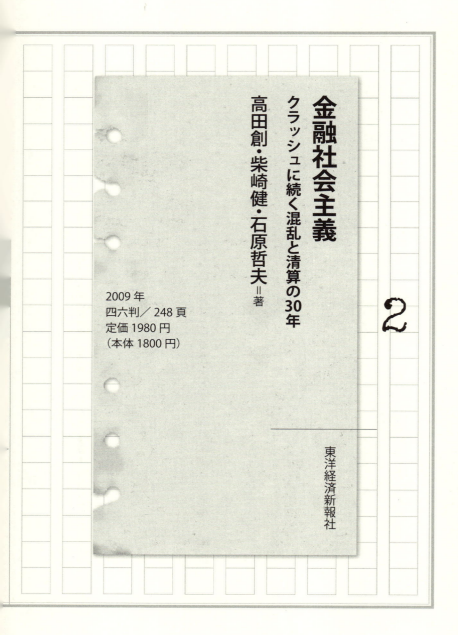

バベルの塔（＝レバレッジ）が崩壊し、国々は生贄を捧げ（＝著名企業の倒産）、死体をゾンビ化し（＝公的支援）、生き残り競争を始めた……。巧みな比喩を交じえ、金融危機の全体像を精緻な歴史的・数値的分析で謎解きする過程がスリリングである。とりわけ、サブプライム問題は一九七〇年代以降四回にわたる金融危機と同じ筋書きの「五回目のジンクス」であるとの指摘は興味深い。人間は同じ過ちを繰り返すものだということがよくわかる。

各国の金融システムが国有化や規制強化などで「社会主義化」するなか、「国際協調」という耳あたりのよい言葉をお人良しに信じ込むのではなく、「国益の観点から戦略性を持って日本の将来を論じる発想が必要」との著者らの警鐘は重い。厳然たる事実として、過去において危機を打開したのは戦争だった。

それでは、この閉塞状況に出口はあるのか――答えは「青い鳥」とだけ申し上げておこう。推理小説の結末を明かすのはマナー違反だから。

（二〇〇九年八月二四日掲載）

3

民法読解　総則編

大村敦志＝著

2009年
A5判／660頁
定価5720円
（本体5200円）

有斐閣

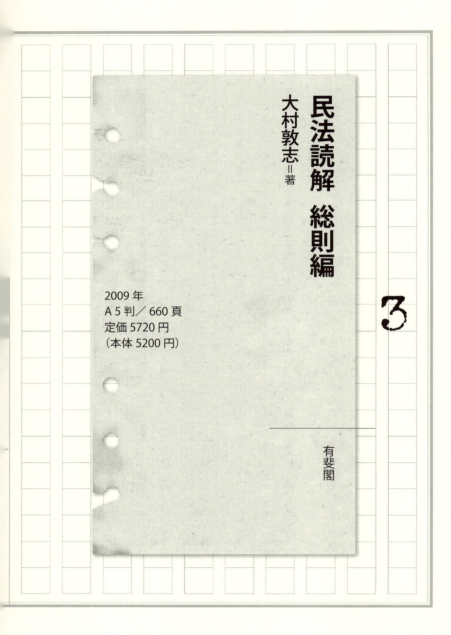

法律専門書にして史書と物語の顔も持つ不思議な本である。装丁も歴史小説風だ。明治時代の法典調査会の議事速記録から生々しい議論を引用するなど、立法者や学者、実務家が民法を発展させてきた道筋をダイナミックに描き、問題を指摘し針路を示唆する。斬新な視点と壮大な構想だ。

本書の論点は、どれもが専門的な論文の題材に値する。法人化されていない団体に関する議論は決着済みと一般には理解されているが、じつは「団体は構成員に対していかなる拘束を課しうるか」という問題が残っているとの指摘がある。これを読み感服していた折しも、ある依頼者から「解散手続が規約に定められていない団体を、どうすれば解散できるか」と相談を受けた。

一方、「人のアイデンティティ」「学者社会vs日本社会」「時効の崩壊?」などの魅惑的な項目の近辺を拾い読みするだけで、専門家ではない人にも法律の面白さがわかる。多様な読み方を柔軟に受け入れる、懐の深い本である。「契約編」や「親族・相続編」などの続刊を待ち望む。

(二〇〇九年一一月二日掲載)

4

「英語」力は人間力

石川吉紀＝著

2009年
B6判／238頁
定価1885円
（本体1714円）

展望社
（川喜多コーポレーション）

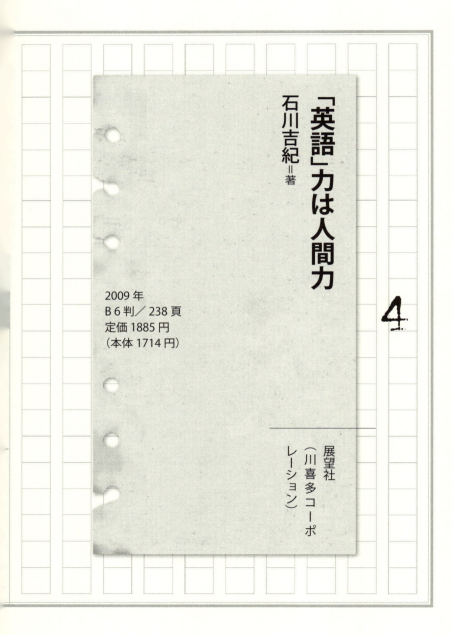

題名からは英語教育論に見えるかもしれないが、じつは硬派の全人教育論である。

こんな辛口の正論をよくぞおっしゃってくれたと敬服する一方、著者は進学校の元教師のため、「強者の論理」「時代錯誤」といった誤解を受ける懸念もある。しかし、本書はあくまでも真の「人間力」を養う教育のあり方を追求している。

「『勉強とは理解することであって、暗記ではない』といった言葉に酔い、努力をしない子どもたちが増加している」との指摘は、詰め込み教育の肯定ではない。子どもたちに努力を促し成長に導く責任を、教育現場が果たしていないことへの批判である。

また「緩やかな負荷として摩擦を受けることで、子どもは安全に鍛えられ、社会的な耐性を徐々に身に付けていく」「社会のルールという時に不条理な『掟』を教えておくことも大切」などは、いじめの是認や全体主義ではなく、子どもたちが社会への適応力を獲得するために必須のプロセスを説いたものだ。

教育の現状を憂える著者の熱い思いが、正道への羅針盤になることを願う。


（二〇一〇年一月二五日掲載）

藝術の国日本

画文交響

芳賀徹＝著

2010年
A 5判／616頁
定価6380円
（本体5800円）

角川学芸出版

5

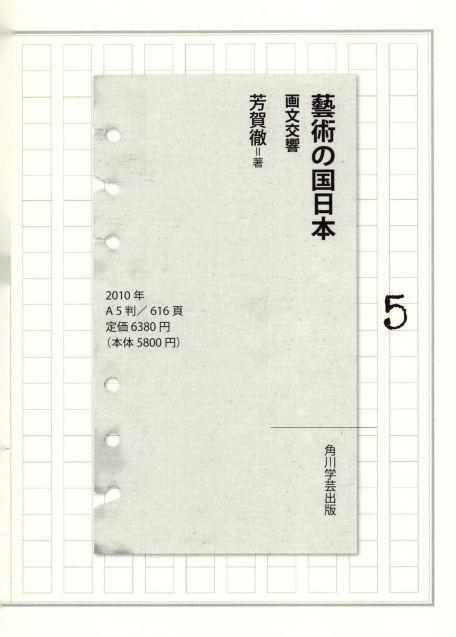

あくせくした世界で仕事をしていると、しゃれた本をふと読んでみたくなる。比較文化論の権威による、半世紀に及ぶ芸術論の集大成である。

「画文交響」との副題のとおり、古今東西の絵画と詩歌の間を自在に飛び回り、意表を突いた連想と謎解きの多次元空間に読者を誘い込む。

印象的な書き出しの「桜の咲く風景」では、奥田元宋の「寂静」をルドンのオフェリアにつなげ、桜に関する和歌と俳句を一覧したのち、日本の洋画に桜が登場しない謎に迫る。

「詩のなかの棲《す》みか・絵のなかの家」では、吉田兼好の「あらまほしき家居」を縦軸として、源氏物語絵巻やレンブラント、俵屋宗達、松尾芭蕉などが描いた住まいを横軸に配し、日本人の理想の住居を再確認する。

高尚な芸術論だけではない。お孫さんたちに百人一首を教える「実験」や、生ごみを出すときに見上げた京の夜空に式子内親王の歌を重ねるなどの小品もほほえましい。芸術の国、日本に生まれたことに喜びと誇りを感じさせてくれる、力強い本である。

（二〇一〇年四月五日掲載）

6

これからの「正義」の話をしよう

いまを生き延びるための哲学

マイケル・サンデル＝著

鬼澤忍＝訳

早川書房

2011年
文庫判／476頁
定価990円
（本体900円）

「五人の命を救うために一人を殺す」という功利主義への批判を皮切りに、徴兵制、積極的差別是正措置（アファーマティブ・アクション）、代理出産などを題材にして、「正義」を客観的に追求する方法論を探る。

米国ハーバード大学の人気講義をまとめたもので、随所に登場するダイナミックな議論が刺激的である。「税金によって格差を是正するのは正義だ」との主張に対し、「才能に応じた報酬を受け取るのは当然で、税金で再分配を図るのは泥棒と同じ」と反論。再反論はこうだ。「たまたま、その才能に価値を見いだす社会に生まれたにすぎない。訴訟社会では論理的な思考力が役に立つかもしれないが、狩猟社会では意味がない」。講義は日本でもテレビ放映され、この再反論に学生ら（狩猟社会では敗者？）があっけにとられている場面は印象的だった。

著者は、謙虚さや思いやりといった道徳ではなく、論理によってエリートに社会的な責務を説いているように見えたのだが。詳しくは本書を。

（二〇一〇年六月二一日掲載）

7

考えない練習

小池龍之介＝著

小学館

2012年
文庫判／272頁
定価607円
（本体552円）

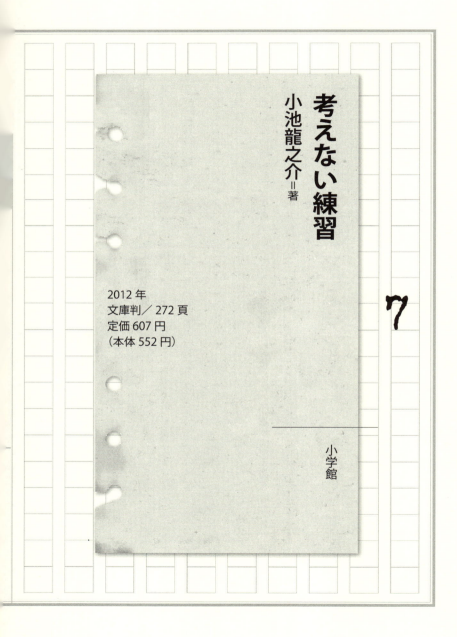

「考えない」ためにはどうすればよいのかを、「話す」「見る」「書く」などの場面に分けて説く。「考えない」ことなど簡単だと思えるかもしれないが、「無神経」ではなく「余計なことを考えない」という意味だから至難である。

「味見し忘れたから薄くないかしら」と相手にプレッシャーをかけて言い訳し、「そんなことないわよ」とのフォローを強いてはならない。「雨が続いてうっとうしいですね」では相手の自我を刺激するので、淡々と「雨が続きますね」がよい。わくわく（いらいら）してメールの返事を待つのは、「苦」の解消が「快」と錯覚して自ら苦をつくり出している愚行である。いずれも思い当たる。「考えない」ためには「よく考える」必要がありそうだ。

しかし、無意識の行動の場合、そもそも何も考えていないのだから、考えることなどできない。その無意識を乗り越え、著者の言う意味で「考えない」ようになったら、そこは無我の境地なのだろうか。禅問答のようだ。しかり、著者は僧侶である。

（二〇一〇年一〇月四日掲載）

ソプラノ弁護士・大塚錆子の

日常生活なんでも法律相談

大塚錆子＝著

青林書院

2010年
A5判／376頁
定価3740円
（本体3400円）

8

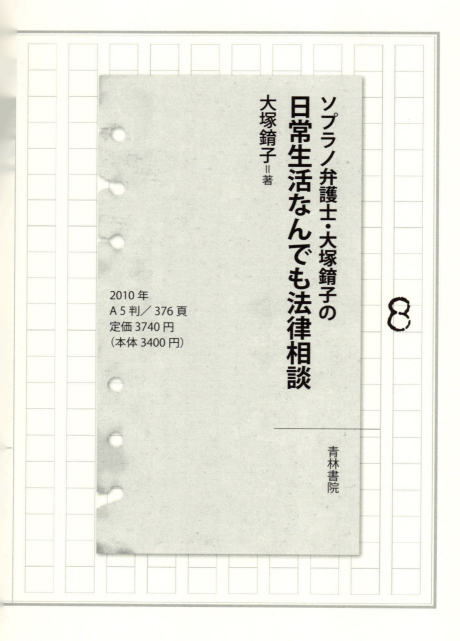

あるときは、さまざまな難問に的確に回答する法律家。「寿司屋にキャンセル料を支払うべきか」といった卑近なものから、「性同一性障害者は女性用浴場に入れるか」のような先進的なものまで、緻密な法律論でありながら、それを感じさせないわかりやすい言葉で答えている。

またあるときは、法律では割り切れない知恵を説く人生の先輩。結婚を前提に交際している彼がお見合いパーティーに参加しているとの相談に対し、法律上は損害賠償を請求できないが、不誠実な男だとわかってよかったと淡々と語る。回答の末尾は、このような良識の宝庫である。

さらにまたあるときは、プロ並みの歌唱力で歌い、踊り、飛ぶエンターテイナー。リサイタルの写真が各章の扉裏にあふれ（ご覧になると「飛ぶ」の意味がわかる）、なんと初刷りには「乾杯の歌」から「Forever Love」まで幅広い曲目のCDがついている。

はたしてその実体は。変幻自在な著者の魅力が凝縮された、すてきな、そして不思議な本である。

（二〇一〇年一二月三日掲載）

9

競争と公平感

市場経済の本当のメリット

大竹文雄＝著

2010年
新書判／272頁
定価858円
（本体780円）

中央公論新社

経済学の専門家の著書だが、内容はまるで比較文化論や心理学のような合理的な経済人ではなく、さぼったり嫉妬したりする生身の人間を対象にしているためだ。

本書によると、外国人に比べ日本人はとくに競争を嫌う傾向がある。競争の辛さと格差の拡大に否定的だからだろう。また、若い世代ほど、成功を運によるものと考える傾向が強い。厳しい経済状況のもとで、努力が報われるとは限らないとあきらめているからではないか、と著者は推測する。女子校の生徒は共学校の女生徒よりも競争的で自信過剰であるとの記述にも目がとまる。

なぜこのような分析が必要なのか。絶対普遍の「貧困」「格差」「公平」は存在せず、歴史や文化、宗教の違いに由来する「○○感」を前提にしてこそ、経済政策や制度設計が成り立つからである。本書のタイトルに使われている「感」の意味は深い。それでは、日本で公平「感」を維持しつつ成長を実現する方法はあるのか。不合理な側面も持つ人間の感情を考慮に入れた著者の提言が光る。

（二〇一一年二月四日掲載）

10

親子のための仏教入門

我慢が楽しくなる技術

森政弘＝著

2011年
新書判／248頁
定価880円
（本体800円）

幻冬舎

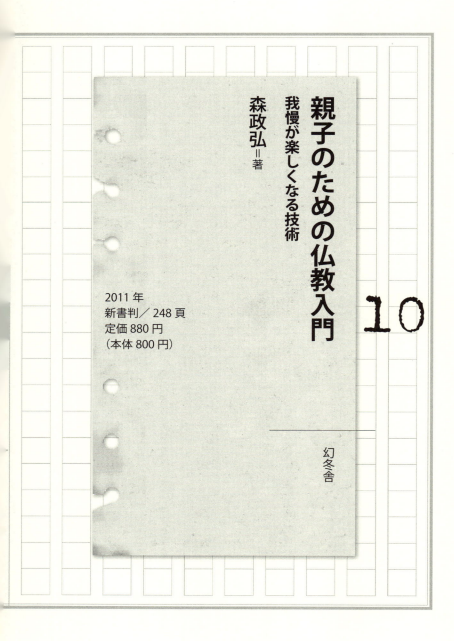

ロボットを製作している子どもたちは無我の境地（仏教で言う「三昧」）にいる。工学博士でロボット・コンテストの創始者である著者が、同コンテストでの経験などから多彩な例を引き、仏教の神髄を平易に説く。基本は「考え方を変える」ことだ。「あたりまえ」のレベルを変えると感謝が湧く。「ジュースがコップに半分しかない」ではなく「半分もある」。

一つのものが、心の持ち方によって善にも悪にも見える。「白い紙に黒い跡をつける」ことを「書く」とか「汚す」とか言うが、ネコが見れば（＝意味や評価を考えなければ）同じことだ。

じつは、この「一つ」が深遠である。「一つ」にこだわると「二つ」を拒否する（＝意識する）ことになり、「一つ」ではなくなる。「一つ」も「二つ」も超越する（＝意識しない）のが、真の意味の「一つ」であると著者は説く。この境地に至るのは容易ではなさそうだ。

読み返すたびに新たな発見があり、思い込み（我《が》）で凝り固まった考え方がほぐれてゆくような気がする。

（二〇一一年五月一三日掲載）

11

日本語　語感の辞典

中村明＝著

岩波書店

2010 年
四六判／ 1200 頁
定価 3740 円
（本体 3400 円）

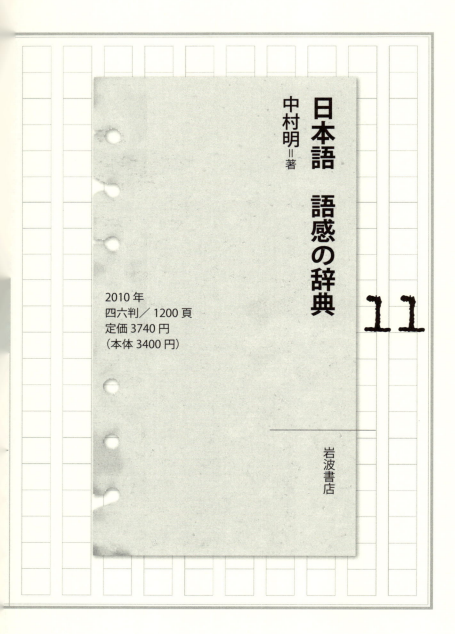

辞典なのに通読を試みている。

「相変わらずお元気ですか」と尋ねるのはおかしいと説明されている。なるほどと思い、ほかの辞典を調べると、「皆相変わらず元気です」という用例がある（岩波国語辞典）。こちらがおかしくないのは、「進歩もなく」とへりくだる語感だからだろうか。

永井龍雄が一つの文のなかで「ビルの灯」と「総武線の灯」と書いており、それぞれを「あかり」と読むか「ひ」と読むかにより趣が異なる。どう異なるのか。長嶋茂雄が引退スピーチで実際には「永久に不滅」と言ったのに、「永遠に不滅」として人々の記憶に残っている。それはなぜか。

というように、驚くほど多彩な実例をもとにして、興味深い問題提起が満載されている。文章を読み書きするときに特定の単語の用法や語感を知るという「普通の」辞典として有用なのは言うまでもなく、加えて冒頭に述べたように通読にも耐えうる。寄り道の連続で読破には時間がかかりそうだが、これから出会う新発見が楽しみだ。

（二〇一一年七月八日掲載）

12

「イギリス社会」入門

日本人に伝えたい本当の英国

コリン・ジョイス＝著

森田浩之＝訳

NHK出版

2011年
新書判／228頁
定価858円
（本体780円）

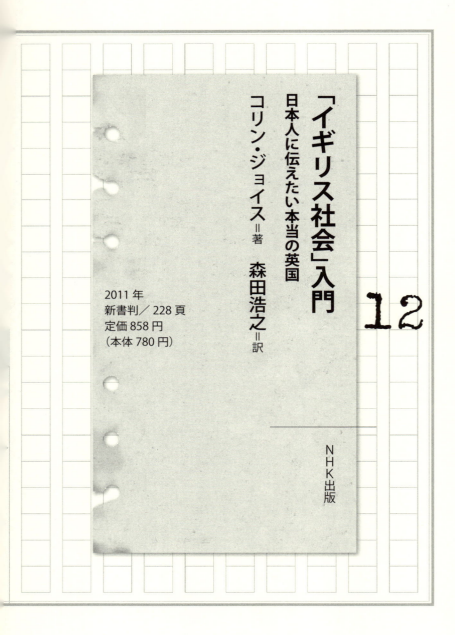

ウィンブルドン現象という言葉がある。元来はロンドン金融市場における非英国系金融機関の躍進を全英テニス選手権になぞらえ、地元勢の敗北を揶揄したものだ。しかし、魅力ある場を提供することによって、人、物、カネが集まってくるという新解釈のほうが、英国のしたたかさを巧みに表している。

本書が紹介する話題の数々から、英国が世界中のリソースを集める秘密が垣間見える。パブで見知らぬ客同士が注文の順番を「自主管理」する様子は、金融市場の姿につながる。現在のエリザベス二世を含め外国系の王が多数いるとは驚くべき懐の深さだ。

じつは先日、ロイヤルウェディングと来年のオリンピックに沸く英国を訪れた。ウェストミンスター寺院は空前の大盛況とのこと。大観覧車も長蛇の列だ。暴動など何のその、街は活気に溢れ英国人は自信満々に見える。

新たな「ウィンブルドン」を次々に創り出す国家戦略の底流に、本書が雑学的に取り上げている歴史や伝統の積み重ねがあるのは疑いもない。

（二〇一一年九月三〇日掲載）

13

天皇陵の謎

矢澤高太郎＝著

2011年
新書判／318頁
定価880円
（本体800円）

文藝春秋

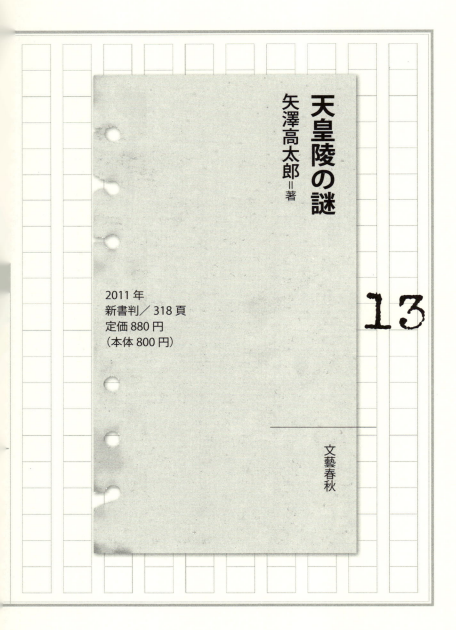

クールで精緻な学術的考察の随所に、憂い、憤り、戦う、「熱い」著者が顔を見せる。読売新聞での四半世紀にわたる研究の集大成だ。

天皇陵をめぐる真実を史料の精読や現地調査で突き止める過程は知的に面白い。たとえば、宮内庁による継体天皇陵の認定は誤りで、継体帝が眠るのは別の荒れ果てた古墳であることが確実だとのことである。

ところが、その真の継体陵は、近年の行政による「整備」の結果、平仮名地名を冠した、テーマパークのような奇妙な公園と化した。著者はこれを「文化財の破壊」と断じ、返す刀で平仮名地名を「精神の背骨が軟化したクラゲ」と切り捨て、さらに、歴史・文化・伝統への尊崇を失った民族は「滅亡の運命をたどる」と警告する。

では、どうすればよいのか。陵墓を公開することだと著者は主張する。地域の活性化や観光の発展のため?とも思えるかもしれないが、著者の視点はあくまでも高い。国民が自国の歴史と文化に自覚と誇りを持つ必要があると考えるからだ。今、この困難な時代に立ち向かうために。

（二〇一一年一二月九日掲載）

大岡裁きの法律学

岸本雄次郎＝著

2011年
四六判／276頁
定価2420円
（本体2200円）

14

日本評論社

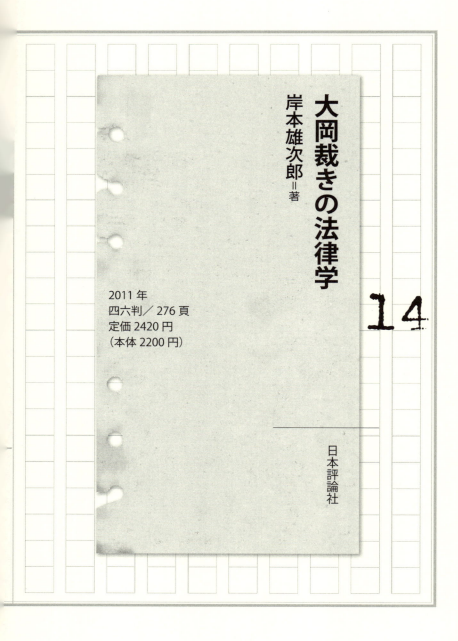

「やられた!」――といっても、自分でやろうと思っていたわけではなく、前々から、大岡裁きを現代の法律に基づいて分析するのは面白そうと思っていただけである。それにしても見事なまとめ方だ。

著名な「三方一両損」のお裁きは、現代の法律のもとではありえないと一見思えるが、広い視野と柔軟な発想に基づく現代版「大岡裁き」に驚かされる。また、拾得物や埋蔵物の法律上の取り扱いが当時も現代もほぼ同じで、日本における公平や正義の感覚がぶれていないことも興味深い。いずれも、「やられた!」と爽快感を味わいたい方々のため、種明かしは本書に譲る。

親孝行者を褒賞する制度を作ったところ、偽の孝行で褒賞にあずかる者が増加したが、それは不問にするとのお裁きが下った。時を隔て現代の「年越し派遣村」には、派遣を切られた人だけでなく路上生活者も集まり炊き出しを受けた。これは詐欺か。そうではないと著者は言う。社会政策の一環と考えるべきだからである。

大岡裁きの、そして本書の魅力は、この人間味である。

(二〇一二年二月三日掲載)

15

絶望の国の幸福な若者たち

古市憲寿＝著

講談社

2015年
文庫判／432頁
定価858円
（本体780円）

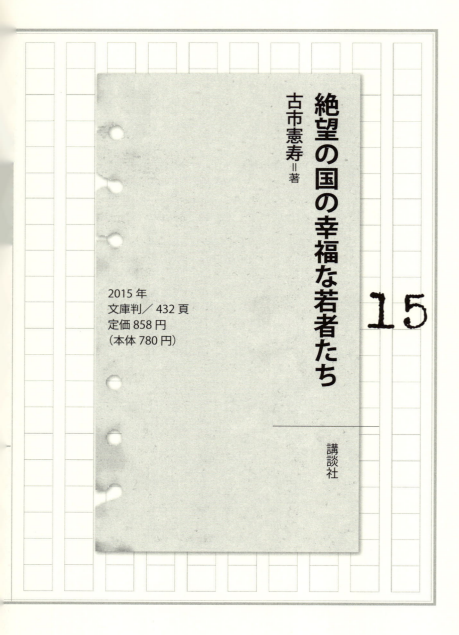

出だしは、既存の若者論の中から、怪しい議論を一刀両断したり皮肉ったりして、まっとうな議論のみを拾い出して整理する「超・若者論」である。

次いで、シニカルな、しかし真摯な若者論が展開される。目を引いた部分をやや危うくまとめる。反原発デモに参加するのは、閉塞感を打ち破り非日常的なイベント（お祭り）で盛り上がって達成感を得たいから。「不幸だ」と言えるのは将来幸せになれると期待できるからであり、そうではない今の若者は「幸せだ」と言うしかない。

さらに、一見過激にも見えるが、冷静で現実的な「日本の進む道」論のようなものに進んでゆく。主力産業もなく過疎化が進んだ集落を「復興」するよりも、移住して集落を集約するほうがよいかもしれない。「日本」がなくなっても、かつて「日本」だった国に生きる人々が幸せならば、それでよいかもしれない。

最後に「あとがき」がよい意味で青臭い。昔、「我々はなぜ勉強するのか」と、こんな議論をして飲み明かしたことがあったような気がする。

（二〇一二年四月六日掲載）

16

日本の税金〔新版〕

三木義一＝著

岩波書店

2012 年
新書判／ 232 頁
定価 880 円
（本体 800 円）
＊現在、第 3 版
2018 年
新書判／ 252 頁
定価 942 円
（本体 840 円）

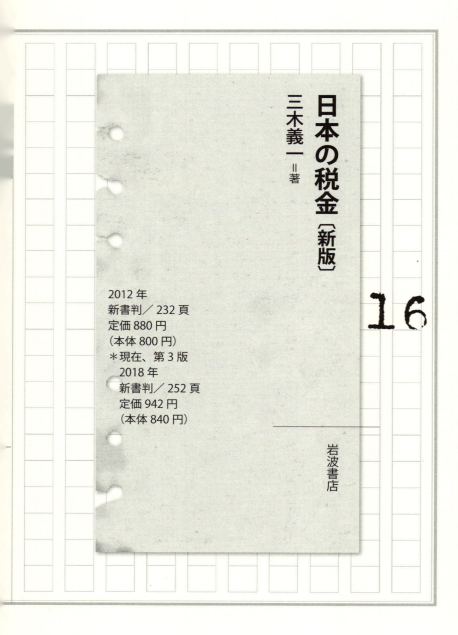

これほど簡潔にわかりやすく各税金の基本構造と問題点を明らかにした本を知らない。源泉徴収と年末調整による納税者意識の麻痺や、さまざまな業界向けの特別措置の乱立など周知の問題に加え、今後重要性が増す消費税について、一見気づきにくい問題がいろいろと指摘されている。

たとえば、食品の消費税を非課税にすると値上げが起きるという逆説的な問題があり、その理由が消費税の仕組みを踏まえて論理的に説明されている。非課税取引では、仕入れ税額控除（上流の事業者から転嫁を受けた消費税相当額を、自らの支払うべき消費税額から控除できる制度）が使えないため、その分が価格に上乗せされるからだ。税金をめぐる政治の混迷ぶりを非難するのはたやすい。しかし、国民は増税か減税かだけに目を奪われ、税金が日本の将来を大きく左右することを見過ごしていないだろうか。選挙で意味ある一票を投じるには、本書のような高い視点からの正確な理解が必要である。

（二〇一二年六月一五日掲載）

17

日本はなぜ世界で認められないのか

「国際感覚」のズレを読み解く

柴山哲也＝著

平凡社

2012年
新書判／240頁
定価858円
（本体780円）

厳しい書名である。誰もが感じている現実だ。国際感覚の欠如、戦略の不在、議論下手など、原因を挙げるのは容易だが、表面的な理解にとどまってはいないか。著者が鋭い洞察で解き明かす。

「真珠湾奇襲はだまし討ちではなく外務省職員のミスによるものだ」との言い訳に終始し、真相の究明と発信を怠っている日本。ドイツは戦争責任を迅速・公正に清算し評価されているが、過去を直視できない国が世界で認められるはずはない。

「石油さえ手に入るなら輸出国が独裁政権でもよい」と日本は考えてはいないだろうか。一国一票の力を知る中国はアフリカ諸国などへの影響力を強めている。

「鯨を食べるのと牛を食べるのとどう違うのか」という正論ではなく、「鯨の個体数は増えている」などと脇道で戦っていても勝ち目はない。

ロンドン五輪では、抗議により判定が覆った場面がいくつかあった。国際社会においては、断固として正当性を主張する姿勢が必要だと感じる。

（二〇一二年八月二四日掲載）

18

社長は労働法をこう使え！

プロ弁護士が教えるモンスター社員・ぶら下がり社員へのリアルな対応事例

向井蘭＝著

2012年
四六判／250頁
定価1760円
（本体1600円）

ダイヤモンド社

危なそうな題名とは裏腹に、使用者に向けて、法律上「何が許され、何が許されないか」を明確にして無知や無茶を正し、陥りがちな失敗を指摘して労働紛争の予防策や対応方法を手堅く説明する本である。

「正社員を解雇すると二千万円かかる」が、裁判所は「成果を上げても勤怠不良は許されない」とする傾向にある。したがって、解雇を有利に進めるには勤怠管理を厳しくすべきである。

「解雇の撤回と復職を要求する」との内容証明郵便にカッとなって、「最高裁まで徹底的に争う」などと息巻いてはいけない。本音は金銭による解決を望んでいることが多く、「それならば復職を認める」という奇手が奏功する場合すらある。

このように冷静で的確な、ときには意表を突くようなアドバイスが満載されている。それらは、労働問題に適切に対処するには社員の気持ちがわからなければならないという土台に立つ。いかなる紛争も人間を知ることが解決の基本であることを教えてくれる。

（二〇一二年一〇月一九日掲載）

19

社会をよくしてお金も稼げるしくみのつくりかた

マッキンゼーでは気づけなかった世界を動かすビジネスモデル「Ｗｉｎの累乗」

小暮真久＝著

2012年
四六判／256頁
定価1650円
（本体1500円）

ダイヤモンド社

社員食堂で健康食の代金に二十円の寄付金を上乗せし、その二十円を開発途上国の学校給食に充てる仕組みを広げているＮＰＯがある。健康のための支出が飢餓を救い、かつ事業としても成功している素晴らしい例である。

経営者、社員、消費者、協力者、出資者、社会全体などすべてが幸せになる仕組みを作れれば、事業としてうまくゆく。他方、採算を取り収益を上げるには、営業、経理、広報などの知識や技術が必須である。

このように公益活動と営利事業とが双方向で融合することにより、社会のためになる活動が拡大すると、本書は力強く語る。

この動きのひとこまとして、公益のために専門家が無償でサービスを提供する「プロボノ」と呼ばれる活動がある。じつは、会社法、金融、業法、税法などの企業法務を専門にする弁護士がプロボノでお役に立つためのネットワークに、微力ながら関わっている。本書から力をいただき、さらに頑張ろうと思う。

（二〇一二年一二月二一日掲載）

20

独占禁止法

菅久修一＝編著

品川武・伊永大輔・原田郁＝著

商事法務

2013年
A5判／404頁
定価4400円
（本体4000円）
＊現在、第5版
2024年
A5判／452頁
定価4620円
（本体4200円）
原田郁→鈴木健太

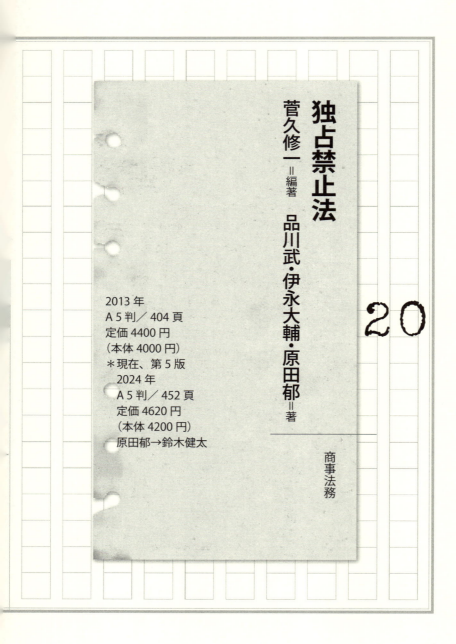

誰のために何を書くか（逆に何を書かないか）が明確で実用的である。すなわち、初心者のために、現時点における日本の公正取引委員会と裁判所の立場がまとめられており、立法史や外国法、学者の議論は割愛されている。

およそ独占禁止法のような行政法規は、公的な解釈が実務上の出発点になる。それは「お上の言うことに従う」ということではなく、それを前提にしてこそ、より専門的、批判的な議論ができるからである。著者は公取の職員とOBであり、議論の土台として申し分なく安定感がある。

索引も充実している。裁判所の判決、公取の審決、命令、警告に加え、報道発表までを網羅する。○○銀行事件や○○電機事件といった、よく知られている事件に関する記述を拾い読みするだけでも、それらの独禁法上の位置付けや問題点がわかり勉強になる。

最後に特筆すべきなのは、随所のコラムである。内容は本書に譲るが、「二つの競争」や「優越的地位の認定方法」など、独禁法の文脈を超えていろいろと考えさせてくれる。

（二〇一三年三月八日掲載）

21

地べたで再発見！

『東京』の凸《でこ》凹《ぼこ》地図

東京地図研究社＝著

2005年
B5判／128頁
定価1848円
（本体1680円）

技術評論社

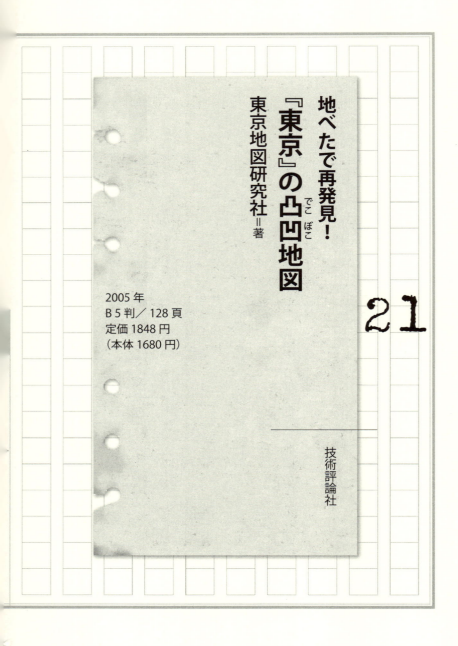

スカイツリーからは平らに見えるが、東京は凸凹だ。

新宿駅西口の地下道を歩いていると、いつの間にか地上に出る。六本木ヒルズは丘の上ではなく谷間に建っている。地下鉄丸ノ内線は頻繁に地下と地上を出入りする。原宿駅の表参道口はホームより高いが竹下口は低い。

このようにこれまで意識すらしていなかったかもしれない凸凹を、本書では付属の眼鏡により3Dで俯瞰《ふかん》できる。さらに一部の地域は、一九四七年、七四年、二〇〇一年など時を隔てた立体図が並び、4Dになっている。

勤務先や自宅の周辺などなじみの土地を本書で予習してから歩き回ると、見慣れた風景が一変する。ビルに埋もれていた台地と谷がよみがえり、場所のわずかな違いで日差しや空気が異なるような気さえする。

また、鉄道の線路はおおむね同じ標高を保っており、「等高線」として使えることを今さらながら知った。車窓から目が離せなくなりそうだ。

凸凹の東京は、面白い。

（二〇一三年五月一〇日掲載）

22

英文契約書取扱説明書

国際取引契約入門

中村秀雄＝著

民事法研究会

2012年
A5判／280頁
定価2860円
（本体2600円）

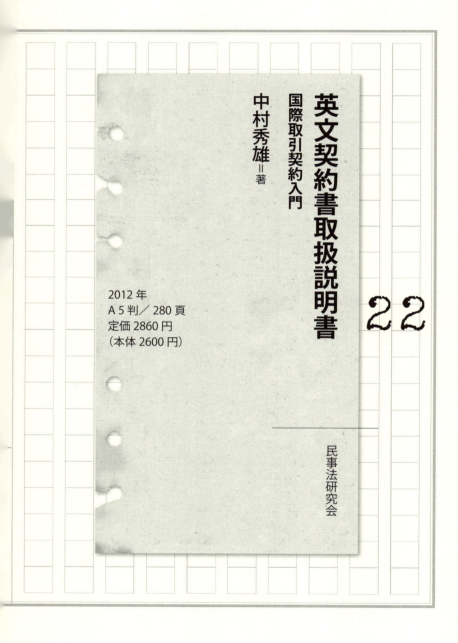

大家による入門書。実用的な指針の宝庫だ。契約書は箇条書きで書ける。義務を負う者が誰かをはっきり書くのが一番よい。ある条項がなくても取引に支障がないなら、なくてもよい。不可抗力の条項は自分の義務の履行を妨げられる可能性のある当事者だけの問題である。著者の二十五年以上にわたる経験の中で問題になったことがない条項は検討する必要がない。というような感じだ。

法律的な事項を厳密に説明しようとすると「ケースバイケースなのでいろいろな面から検討し専門家の助言を受けるのがよい」などと安全策に傾きがちである。これに対し本書は切れ味よく爽快で、危なく見えるかもしれないほどだ。しかし本書のアドバイスは、豊富な経験に基づき枝葉を大胆かつ周到に打ち払った結果のものである。

初心者の方々は本書を出発点として、何年間か苦労を重ねたのちに再び本書を読み直すと、その本当のすごさがわかるのではないかと思う。正確に言うと、本書は「高度な入門書」である。

（二〇一三年七月五日掲載）

23

ジョイント・ベンチャー戦略大全

設計・交渉・法務のすべて

宍戸善一・福田宗孝・梅谷眞人＝著

東洋経済新報社

2013年
A5判／544頁
定価6600円
（本体6000円）
＊現在、改訂版
2022年
A5判／568頁
定価7700円
（本体7000円）

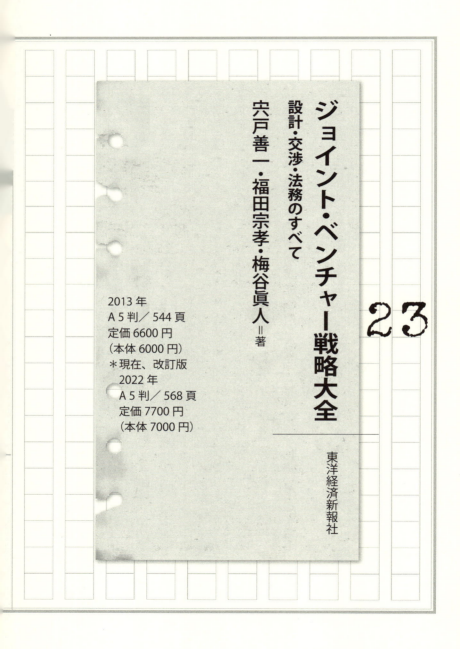

定番と言われる本がある。知りたいことが何でも載っていて、参考文献や判例・実例が網羅されている。その本で解決できない問題には、誰も答えられない。本書は、ジョイントベンチャー（合弁事業）の分野で、理論・実務を通じた定番となる予感がする。

理論面では、合弁事業の発生から消滅までの問題点を検討し尽くしている。十年以上の共同研究の成果であり、時代を超えて通用する熟成した基礎理論の観がある。実務面では、「定款と合弁事業契約の関係」や「退出の方法に関する交渉項目」などの詳細なチェックリストが有用だ。

そして、全体を貫く最大の特徴は、各当事者の目標、期待、懸念などを前提とした「ダイナミック」な視点である。こちら側が容易に事業から手を引けるようにすると、相手側がリソースの提供に消極的になるなど、人間心理の表裏をめぐる分析は、合弁のみならず交渉一般に応用できる。

もはや「予感」ではないかもしれない。

（二〇一三年九月一三日掲載）

24

「いいね！」が社会を破壊する

楡周平＝著

新潮社

2013年
新書判／240頁
定価814円
（本体740円）

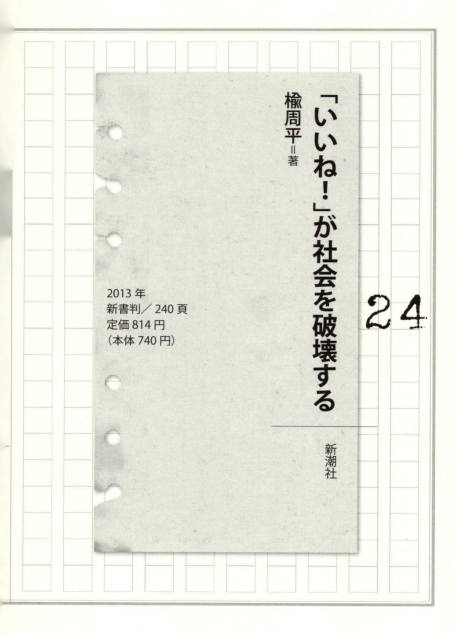

新しい技術には弊害が不可避だが、それを克服して社会を発展させるのが人間の知恵である。自動車は危険だから廃止しようという主張は、もはやありえない。遺伝子工学は議論の真っただ中である。原発は解決済みであるかに見えたのだが……。

それでは「ネット」はどうか。無駄を排除し快適さと便利さを追求した先に、人間自身が「無駄」になるという深い闇が待ち受けている、と著者は警告する。デジタルカメラにより銀塩写真が駆逐され、ネット販売により家電量販店が売り上げを落としている。冷酷に言えば時代に乗り遅れただけのことだが、雇用の喪失や個人情報の危機が深刻である、と著者は指摘する。解決の名案は思い浮かばない。

居ながらにして欲しい物が手に入り、ロボットが何でもやってくれる、SFのような社会が我々の望むものだったのか。最後の章「勝者なき世界」の次に「希望の未来」などという新たな章を続けられるかどうかは、我々の知恵にかかっている。明るい筋書きを、ぜひ付け加えたい。

（二〇一三年一一月一五日掲載）

25

合同会社（LLC）とパススルー税制

参加者のヤル気を１００％引き出す
新しい事業のかたち

野村資本市場研究所
森信茂樹＝編著
「経済活性化と合同会社の法制・税制の整備」研究会＝著

金融財政事情研究会

2013年
四六判／264頁
定価1980円
（本体1800円）

副題の「参加者のヤル気を100%引き出す新しい事業のかたち」に著者らの熱い思いがこもる。

二〇〇六年施行の会社法で、合同会社（日本版ＬＬＣ）という会社形態が創設された。柔軟な組織設計や経営、利益配分ができるが、今のところ利用される場面は限られている模様だ。その最大の理由は、独立した法人として課税されるため、初期に損失が出ても出資者の課税所得と通算できないことである。

通算を認めるべく、パススルー課税（出資者に直接課税）にするのが望ましい、と抽象的には言えるが、具体的な提言は一般にあまり見かけない。しかし本書では、会社法や税法、ビジネスの専門家が問題を大局的に分析し、提案を具体的に示している。東日本大震災からの復興を目指す「漁業ＬＬＣ」は、他の産業の復興や強化のモデルになりうる出色のアイデアだ。

合同会社で日本を元気に、を今年の計にしたい。

（二〇一四年一月二四日掲載）

26

日本の色辞典

吉岡幸雄＝著

2000年
A5判／302頁
定価3630円
（本体3300円）

紫紅社

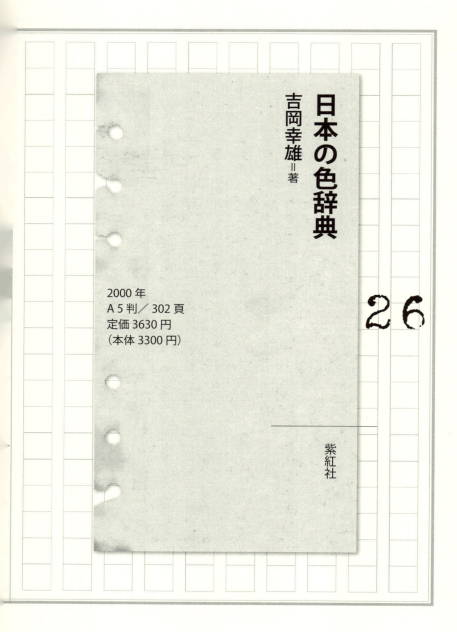

本物の原料と製法で染めた色見本が上質紙に映え、絵巻物や和服、自然の風物が鮮やかに舞う。多分野にわたり、国際的な視点を含む考証がこともなげに続く。

色の語源、由来、原料、製法、用途の分析などは序の口。伊吹山の刈安《かりやす》という植物は、なぜ黄色の色素を多量に含んでいるかとか、藍と紅花から紫色を作るとき、なぜ先に藍で染めなければならないかなどは、植物学や化学である。

そうかと思えば、『源氏物語』で紫の上がまとった印象的な山吹色の衣装など、文学作品にそれぞれの色が登場する場面の紹介。出典は中国の古典や『魏志倭人伝』、『枕草子』から近代小説にまで及ぶ。また、名前しか残っておらず論争になっている色について、文献を読み解き、他の説を退けて実際にその色を再現する過程は、推理パズルのようだ。およそ物事を極めるとはこういうことか、と思い知る。

深夜に仕事を終えたオフィスで読んでいると、目くるめく色と知識の渦に巻き込まれ、心身が別の世界に滲み出してゆきそうな気がする。そんな艶のある本である。

（二〇一四年四月四日掲載）

27

俳句歳時記〔第4版増補〕全5巻

角川学芸出版＝編

2011年
文庫判／新年・秋・冬240頁、
春256頁、夏304頁
定価各562円
（本体511円）
＊現在、第5版
2018年／角川書店編
文庫判／新年240頁、春・秋・
冬272頁、夏320頁
定価：新年・春・夏・冬616円
（本体560円）
秋748円（本体680円）

角川学芸出版

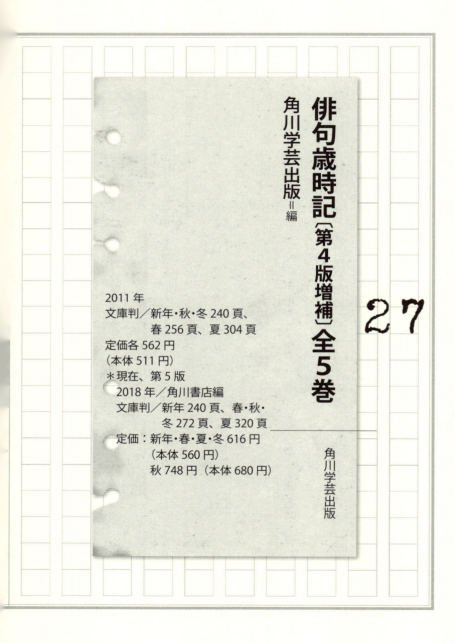

俳句が趣味というわけではなく、ただ面白いので読んでいる。文庫サイズだし、小説などとは違い、どこでページを閉じても後ろ髪を引かれないため、電車内で読むのに最適である。

不勉強のため、読めない漢字や知らない事柄の連続だが、調べて謎を解くのが楽しい。「山越えて笛借りにくる早苗月」とはどういう状況か。田植えの時期に舞われる里神楽の笛を隣りの村から借りに来るということらしい。唐突な連想が浮かぶこともある。「夜の畳祭かんざし影持てり」と、この三つを「影」でまとめるとは……。ジャパニーズホラーという言葉が頭にひらめく。

面白い発見もしばしばある。「海に出て木枯帰るところなし」と「松取れて夕風遊ぶところなし」は着想が似ているとか、この作者はこの言葉をよく使う、などである。

このように偏執的（？）に読むのではなく、わからないところはあっさり飛ばして気楽に読むのが正解かもしれない。どのように読んだとしても、日本語と日本文化の豊かさをあらためて知ることができよう。

（二〇一四年五月二三日掲載）

28

短歌のレシピ

俵万智＝著

新潮社

2013年
新書判／192頁
定価792円
（本体720円）

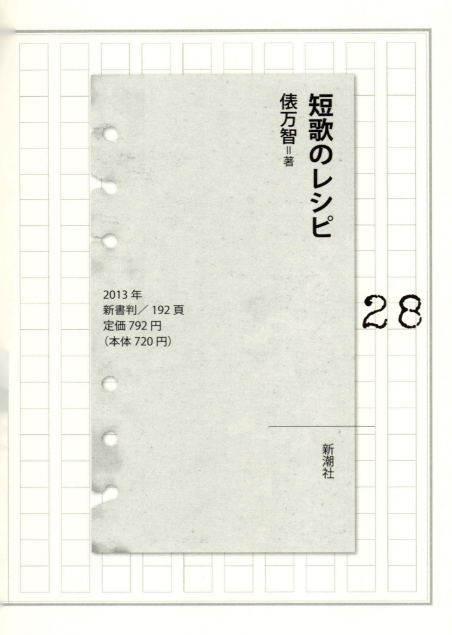

短歌は余韻や驚きなどを演出すべく言葉を絞る。契約書は誤解のないように当然と思えることまで書き込む。別の世界に足を踏み入れると、バランスを取り戻せる気がする。

「時にはドラマチックに」というレシピでは、「聖なる夜の恋人たちよ」で終えている歌を「聖なる夜の恋人になる」と添削し、傍観者から当事者になることを勧めている。たしかに迫力が出る。「時には荒療治を試してみよう」では、別々の歌の上の句と下の句をつなげる奥の手が紹介されており、これには驚いた。しかし、結果として生まれる意外な飛躍感が面白い。

そうかと思えば、「メール無き一日の終わり」と始まり「やっと届いた」と続く歌を、「メール無き」はおかしいと評しているのは論理的だ。また、「『あの』ってどの？」と言われないようにしよう」など、我が世界においても通用するレシピには少しうれしくなる。真逆な二つの世界の共通項は、読者に疑問を感じさせず、読みやすくすることか。

言葉の重みを再認識させる一冊だ。

（二〇一四年七月一八日掲載）

29

契約書作成の実務と書式

企業実務家視点の雛形とその解説

阿部・井窪・片山法律事務所＝編

2014 年
A 5 判／ 556 頁
定価 4840 円
（本体 4400 円）
＊現在、第 2 版
2019 年
A 5 判／ 666 頁
定価 5170 円
（本体 4700 円）

有斐閣

「そのまま使える雛型が欲しい」というのは、契約実務に携わる者の永遠の願いである。しかし、適切な雛型を見つけるのは難しい。仮に何らかのものが見つかっても、条文だけでは不十分で、条文の趣旨や他の選択肢、交渉の方向などを知る必要がある。本書はそのような要求に応えてくれる。そして「契約で定めない場合、民法や商法ではどうなるか」を出発点とし、法律のどの部分を契約でどのように変更するかという視点を一貫させており、経験の浅い読者にもわかりやすい。

また、契約は規制法令に従わなければならない。たとえば業務委託契約だと、労働者派遣事業法（「偽装請負」の禁止）や下請代金支払遅延等防止法、個人情報保護法などが関係する。他の種類の契約でも、借地借家法、会社法、特許法、著作権法、独占禁止法など必要な法律は多岐にわたる。

本書には、法律の定め、それを守るための条文例、実際の運用方法、生じうるトラブルと防止策などが要を得て説明されている。バランスよく密度の濃い好著だ。

（二〇一四年九月一二日掲載）

30

ニッポン景観論

アレックス・カー＝著

2014年
新書判／208頁
定価1320円
（本体1200円）

集英社

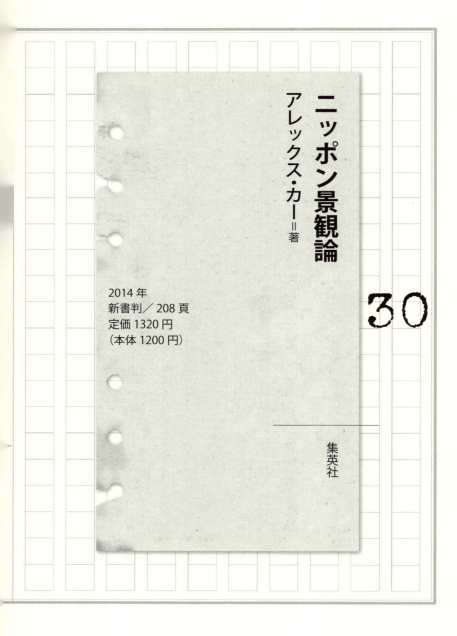

大胆で斬新な建造物が地域の発展につながる。自然に負けず永遠に輝くものを造り、国土全体をコンクリート製の抽象芸術に変える。

この日本の成長戦略を、せっかくなので外国にも教えてあげよう。たとえば、ハワイの海に開けた渓谷。交通の便が悪いのでループ橋を架け、絶壁が崩れそうなのでコンクリートで固め、殺風景なので崖の上にユニークな建造物を配すれば完成である。

街作りも重要だ。派手な看板を林立しないと観光客が来ない。注意書きがないと不心得者が悪さをする。そこで、フィレンツェの街角の彫像には、名称や作者を説明する看板を立て、「落書き禁止」や「禁煙」と真っ赤な字で書いたポスターを貼ろう。

本書を通じ、このような方針で作られた、実在あるいは合成の見事な景観が、多数のカラー写真で紹介されている。

言うまでもなく、すべて皮肉である。「作る」のではなく「撤去」すべきであるという著者の提言を真剣に受け止めなければ、観光立国の未来はおぼつかない。

（二〇一四年一一月七日掲載）

31

経済がわかる　論点50　2015

みずほ総合研究所＝著

東洋経済新報社

2014年
A5判／240頁
定価1760円
（本体1600円）
＊現在、2023年版
A5判／240頁
定価1980円
（本体1800円）

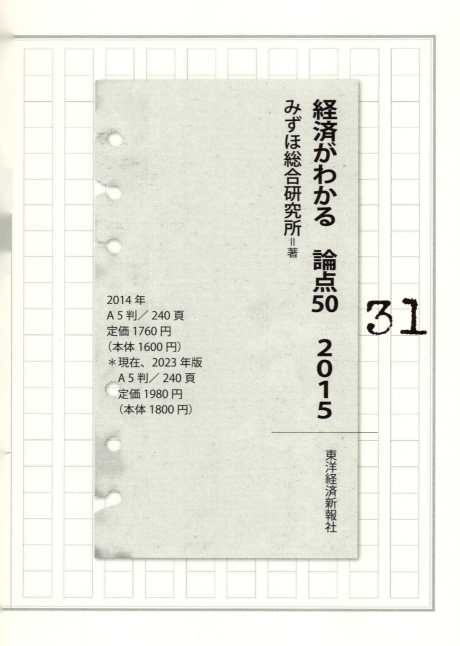

年初にあたり、注目すべき問題を勉強するのに最適だ。手軽に見えるが、各論点の過去、現在、未来が四ページにきっちりまとめてあり、密度が濃い。

前半の「景気」「設備投資」「アジア経済」「為替相場」などは見慣れた論点だが、地道な情報収集と検討の成果が随所に登場する。一例だけ挙げると、ミャンマーに進出しているのは製造業そのものではなく、製造業の進出を見越したサービス業（法律、会計事務所、金融、物流）が多く、また、地盤や環境との関係で、製造業のうちでも軽工業が優先されているとの指摘がある。

とくに最終章（ビジネス・社会）が面白い。「語学ビジネス」「アグリビジネス」「携帯料金競争」など興味深いテーマが取り上げられているのに加え、健全な希望（著者は「煩悩」と呼ぶ）が読み取れ、明るい気分になる。

余談だが、本書は二〇一五年一〇月の消費税率の引き上げを想定していたため、その延期により、読み方に面白さが加わった。延期が本書の描くシナリオにどのように影響するのか、あるいは、しないのか……。

（二〇一五年一月九日掲載）

32

起業のエクイティ・ファイナンス

経済革命のための株式と契約

磯崎哲也＝著

ダイヤモンド社

2014年
A5判／432頁
定価3960円
（本体3600円）
＊現在、増補改訂版
サブタイトル：
スタートアップを成長させる
「インセンティブ」の設計図
2022年
A5判／508頁
定価3960円
（本体3600円）

序章（今後の「ベンチャー生態系」の変化を考える）と終章（ベンチャーの未来ビジョン）を読むだけでも、日本におけるベンチャーの発展を願う著者の熱意が伝わってくる。

本論では、起業家と投資家の思惑や懸念を分析しつつ、両者の利害を巧みに調節する仕組み（投資契約、優先株式、議決権種類株式など）が詳細に説明されている。これによって、専門家に相談する時間と費用を大幅に節約できると考えられ、このような貴重なノウハウの公開に踏み切った著者に敬意を表する。

遊び心に富む脚注も面白い。たとえば、「変な奴が成功した例は多いが、変ならば成功するわけではない」「自分は農耕をしておらず、狩猟で生活するアングロサクソン人も知らない」（よくある日本人論への反論）などだ。

本論は技術的・専門的で難しく見えるかもしれないが、序章と終章と脚注のおかげで、読み進めるエネルギーをもらえる。

（二〇一五年三月六日掲載）

33

実務　電気通信事業法

藤田潔・髙部豊彦＝監修
髙嶋幹夫＝著

NTT出版

2015年
A5判／846頁
定価11000円
（本体10000円）

掛け値なしに「決定版」と言える。頼れる資料が少ない分野に登場した八百ページ超の大作で、今後本書をしのぐことは至難であろうと思える。

情報と解説の質・量は圧倒的である。ほとんどの記述に公開情報による論拠を示し、法律、政省令、告示、ガイドラインを徹底的に引用し、どの言葉にどの概念が該当するかを解説している。

画期的な特徴は、技術と実務と法律の三位一体である。まず、技術について予備知識がない読者を想定し、さまざまな技術（たとえば通話品質の基準に用いられる「ラウドネス定格」）を基礎から詳細に説明している。そして、法律上の抽象的な概念にどの商品が該当するのか、実際の約款の各条項がどのような根拠や意図を有するのかを丁寧に説明し、法律の生きた姿を示している。

全体に淡々とした筆致のなか、第十一章（通信の秘密）には、著者の思い入れのようなものが心なしか読み取れる。「あとがき」の末尾で謎が解ける。

（二〇一五年五月一日掲載）

34

ウルトラマン「正義の哲学」

神谷和宏＝著

朝日新聞出版

2015年
文庫判／248頁
定価704円
（本体640円）

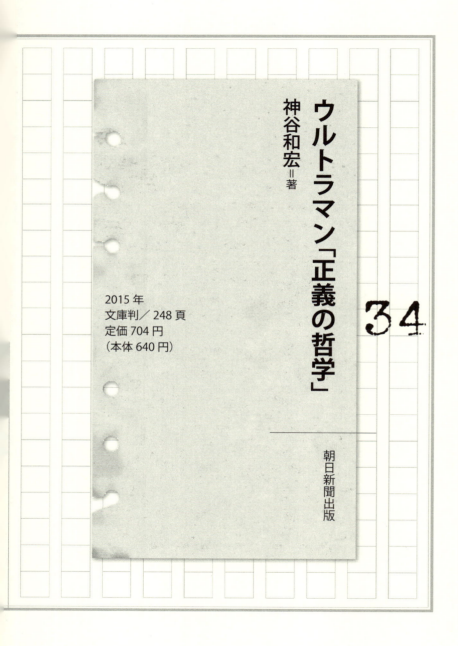

「ジャミラは人間なのに！」——。不時着した星の環境が原因で怪獣化した宇宙飛行士ジャミラが、自分をそんな運命に陥れた地球人に復讐《ふくしゅう》するために戻って来た。ウルトラマンに倒されるシーンは子ども心にも切なかった。

ギエロン星獣は地球人による新型兵器の実験で破壊された星から逃げて来た。ゴモラは孤島で暮らしていたところを発見され、万国博覧会に出展されそうになって暴れ出しただけだ。

怪獣だからといって命を奪ってもよいのだろうか。いや、それだけが解決策ではないはずだ。津波・竜巻怪獣シーモンスとシーゴラスは、戦いに敗れて海に帰って行った。ジャミラやゴモラとも共存を図ることはできなかったのか。

正義、敵、ナショナリズム、防衛などをめぐる議論がややこしくなってきている。

半世紀も前から苦悩しつつ戦ってきたウルトラマンに敬服する。

（二〇一五年六月二六日掲載）

35

月の名前

高橋順子＝文　佐藤秀明＝写真

2012年
A5判／160頁
定価2750円
（本体2500円）

デコ

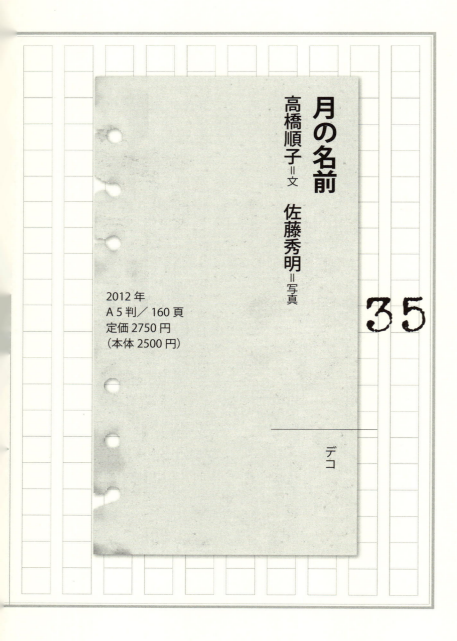

「雨」「風」「花」に続く『○○の名前』シリーズの一冊である。歳時記、写真、詩、エッセーが混然一体となり、「知」と「情」の両方に響くスタイルが一貫している。

天体の月だけでなく暦の月も含め、「月」を使った言葉が集められている。「花残《はなのこり》月《づき》」や「袖の月」などの情緒あふれる言葉を使った和歌に出会うとうれしい。

見開きのページでは、妖艶な写真としゃれた詩文が溶け合う。巧みな紙面構成により、行間の月が輝いて見えることすらある。すみれ色の空を背景にした白抜きの字で、「月」は「憑《つ》き」につながるなどという一節を読んでいると、異空間に滑り込んでしまいそうだ。

今年は八月二八日が盆の月で九月二七日が十五夜だということが巻末の付録でわかる。ただし、魔性の月に憑かれないようにご用心。いや、これは脅かしすぎか。本書を片手に月の魅力を素直に楽しみましょう。

（二〇一五年八月二八日掲載）

36

教養は「事典」で磨け

ネットではできない「知の技法」

成毛眞＝著

2015年
新書判／174頁
定価814円
（本体740円）

光文社

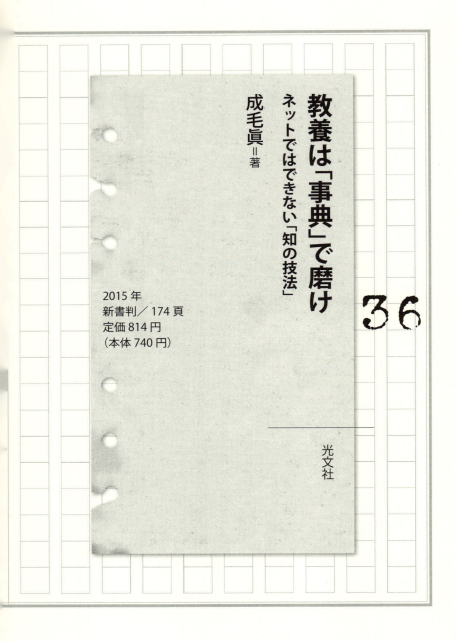

グーグルやウィキペディアで得られるのは、正確性が保証されない断片的な知識だけである。事典（辞書、辞典、事典、図鑑などの総称）を読んでこそ、真の教養が磨かれる。知りたい項目だけを「引く」のではなく、通読または拾い読みで「読む」のである。広く浅く小さな知識の蓄積が教養と楽しみの幅を広げてくれると著者は言う。

たしかに『ヨーロッパ人名語源事典』や『探検と冒険の歴史大図鑑』には、世界的な視野の教養が詰まっていそうだ。『織田信長家臣人名辞典』とか『スター・ウォーズ英和辞典』などには、このテーマで辞典ができるのかと感心させられる。「あればいいな」と漠然と思っていたものを見つけられたのも、ちょっとした収穫だった。『現古辞典』は現代語から古語を引くもので、通読に値する。

本書に紹介されている五十冊以上の事典のうち面白そうなものから「読み」始めること。それが広い教養への第一歩になるだろう。

（二〇一五年一〇月二三日掲載）

37

国際租税法〔第3版〕

増井良啓・宮崎裕子＝著

2015年
A5判／312頁
定価3520円
（本体3200円）
＊現在、第4版
2019年
A5判／344頁
定価3520円
（本体3200円）

東京大学出版会

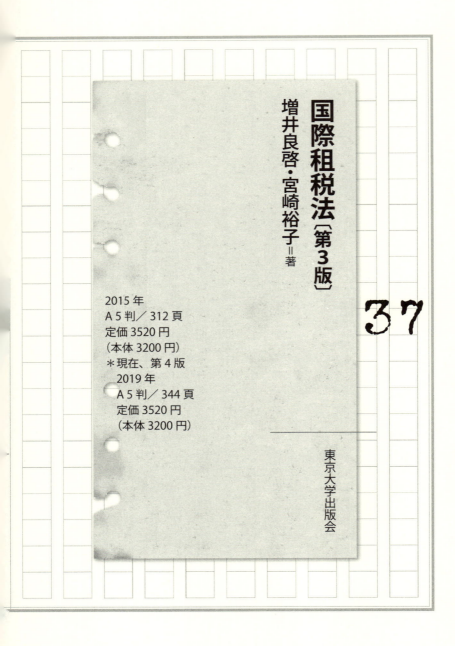

米国の製薬会社がアイルランドの会社を買収して、低税率の同国に本社を移そうとしていることが、「課税逃れ」と批判を受けている。折しも経済協力開発機構（OECD）は、期限を切って加盟各国に租税回避対策の実施を求めている。

国際租税というとこのような異常事態が目につくが、大多数の正常な国際取引は法律の定めに従って課税されるべきものに課税されている。日本では最近、法律の基本的な枠組みが大きく改正されて二〇一六年に施行される。

本書は大改正をいち早く盛りこみ、日本の新たな国際租税制度の全体像を簡潔にまとめている。法科大学院の教科書として作られたものであり、コラムや設問、対話形式の事例研究など、読者に「考えさせる」仕掛けがちりばめられている。教科書とはいえ扱うテーマは高度で、外国企業が日本進出にあたって検討すべき税務上の問題や外国の特殊な事業体への課税など、専門家も考えさせられる。

（二〇一五年一二月一八日掲載）

38

東海道新幹線開業50周年記念

世界最速「車窓案内」

今尾恵介＝著

2014年
B5判／128頁
定価2200円
（本体2000円）

新潮社

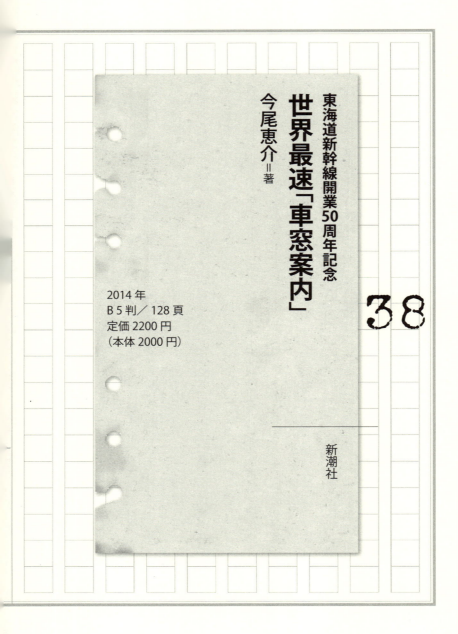

富士山が車窓の真正面。工場地帯のまん中を通過。この間に渡る和田川などの存在が、明治以降の製紙工業の基礎だ――以上、新富士付近からの抜粋。一瞬にして飛び去る風景をスローで、いや時間を止めて再現して地理や歴史も織りこんでいる。

東京駅発の東海道新幹線が見開き中段の地形図を右から左に走り、上段は進行方向の右側、下段は左側の風景の写真付き解説である。地形図には東京からの距離、カーブの半径、主要な建造物などの情報が満載で、上下段の解説と連動している。ページの一番下にはそれらをまとめたイラストまでついている。ここまで徹底していると、地形図の正確な方位や撮影地点も教えて欲しい、3Dにして欲しいなどと、鉄道マニアから要求がくるかもしれない。

五十九帳の見開きは九～十キロメートルずつカバーし、「のぞみ」は二分余りで通過する。読みながらでは間に合わない。予習してから乗ろう。これまで寝ていた時間がもったいない。

（二〇一六年二月一二日掲載）

39

超高齢社会の法律、何が問題なのか

朝日新聞出版

樋口範雄＝著

2015年
四六判変型／240頁
定価1540円
（本体1400円）

三月一日、最高裁で遺族側が逆転勝訴。報道直後から、判決文が掲載された裁判所のサイトはアクセスしにくくなり、関心の高さがうかがえた。

線路に迷い込んで事故死した認知症の男性の遺族に対し、運行遅延による損害賠償を求めて鉄道会社が裁判を起こした。同居の妻に損害賠償を命じた高裁判決に対しては、「二十四時間見張ることは不可能」「在宅介護を破壊する」などの批判が噴出し、最高裁がこれに応えた形になった。

本書はこの高裁判決への批判を皮切りに、高齢社会に対応できていない法制度の不備を指摘する。延命措置を中止した医師は殺人罪に問われる危険がある。家主は高齢者に住宅を貸したがらない。公正証書遺言を作っても、認知症だったから無効だというような争いが生じうる。

誰でも年をとる。本書の指摘は国民全員に突きつけられた課題である。子孫に憂いを残さないよう、国を挙げて知恵を絞らなければならない。

（二〇一六年三月二五日掲載）

「神」と「仏」の物語

由良弥生＝著

2016年
新書判／296頁
定価913円
（本体830円）

40

ベストセラーズ

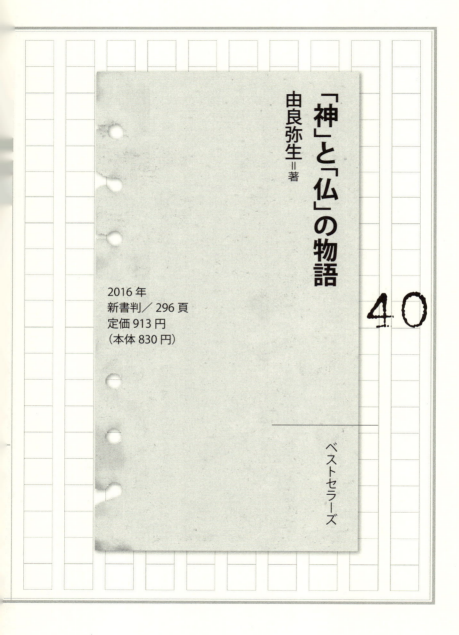

日本古来の神に、蘇我氏の推す大陸由来の仏が勝利。さらに、地方豪族の衰退により、神（地方）が仏（中央）の傘下に入る。しかし、元寇《げんこう》を契機に神国思想が芽生え、徳川政権が仏教を骨抜きにし、明治政府による廃仏毀釈が起こる。いったんリードした仏が神に逆転された……という単純な筋書きではない。支配層の思惑や民衆の「需要」に応じ、両者はそれぞれ自らを巧みに変容させながら融合してきている。

ダイナミックな神仏史を縦糸とし、横糸にはケガレ、怨霊、鬼、四十九日、位牌《いはい》、七福神などの由来や意義が語られる。神や仏との「位置関係」を明示しているのがわかりやすい。密教の「密」は受け手に能力がないと理解できないという意味であるとか、豊川稲荷はなぜ神社ではなく寺なのかなど、これまで深く追究してこなかった問題も解決する。

寺社巡りがより楽しく、そして、深くなりそうだ。

（二〇一六年五月二七日掲載）

41

言葉に関する問答集　総集編

文化庁＝編

全国官報販売協同組合

2015年
A5判／800頁
定価4950円
（本体4500円）

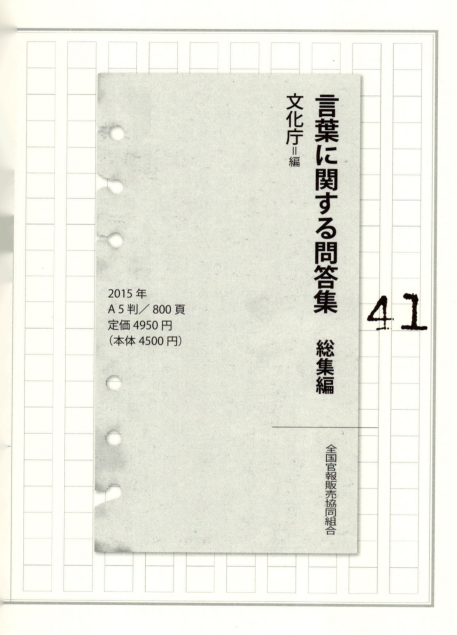

文章を書くときに、国語辞典、類語辞典とともに必携である。意味の違いが微妙な類語や、複数の漢字表記がある言葉の使い分けの分析がとくに有用である。さらに、仮名遣い、送り仮名、敬語などについての正統的な見解が整理されている。

ここまでに登場した語についても、「辞典、字典、事典」とか、「使う、遣う」などの違いが説明されている。他にもよくある例としては、精算と清算、同志と同士など枚挙にいとまがない。「負けずぎらい」という表現はおかしくないかとか、正午の一〇分(発音が「じっぷん」か「じゅっぷん」かも問題)過ぎは午後一二時一〇分か午後〇時一〇分かなど、気になっていた疑問も氷解する。

長く待たれていた、二十年以上前のベストセラーの復刊である。時を経て変化した用法があるかもしれない。難しいことは承知しているが、改訂(改定との違いも説明されている)が待たれる。

(二〇一六年七月一五日掲載)

42

ブラタモリ1

長崎　金沢　鎌倉

NHK「ブラタモリ」制作班＝監修

2016年
A5判／144頁
定価1540円
（本体1400円）

角川書店

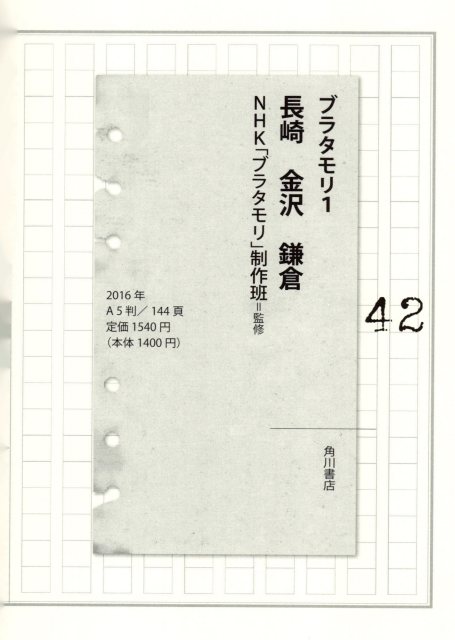

人気テレビ番組の書籍化だ。各地の名所を「地形」という切り口で分析し、政治・経済・文化などとの密接な関係を解き明かす。

第一巻は「長崎・金沢・鎌倉」という豪華版。長崎では海を埋め立て、金沢では低い堀を越えて用水を城まで引き、鎌倉では山の斜面を削って用地を広げ、地形と折り合いをつけながら都市を発展させてきたことがわかる。

コアなファンからは、コラムや挿入記事が多すぎて流れが悪いとか、観光スポットや飲食店の紹介は不要ではないかとか、タモリと女子アナの軽妙な会話が消えて面白くなくなったなど、不満が出るかもしれない。

しかし、書籍化にあたり、番組の「原地形」を再現してコピーするのではなく、埋め立てたり削ったりして使いやすく発展させたのだと理解するのが、素直で前向きなファンの姿であろう。次々に出る予定の続刊が期待される。

（二〇一六年九月一六日掲載）

43

働く意義の見つけ方

仕事を「志事」にする流儀

小沼大地＝著

2016年
四六判／272頁
定価1650円
（本体1500円）

ダイヤモンド社

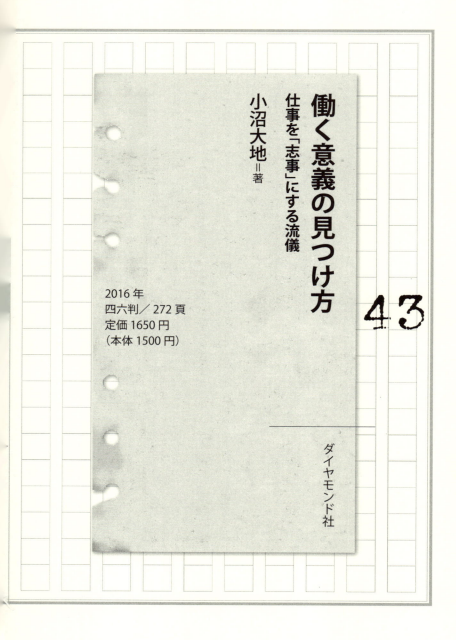

人のためになる仕事をしたいという熱い思いがみなぎっている。著者は「留職」を仲介するNPO法人を立ち上げた。「留職」とは海外の社会貢献活動に企業が社員を派遣して現地の課題の解決を図る仕組みで、厚意や自己犠牲に頼らず、持続可能な形で社会に貢献できる素晴らしいアイデアだ。

インドネシアの農村に農業の支援のために留職した大手食品会社の社員が、捨てられていたグアバの葉から薬効のある茶を開発し、現地の人々にも会社にも利益をもたらした。さらにその社員自身も人の役にたつ喜びを知り、仕事に対する大きな動機付けを得た。

さまざまな困難を乗り越えた著者の体験は、志の達成には情熱だけでなく、緻密で冷静な情報収集や計画、さらに運の良さも必要だと教えてくれる。そして、単に運に見えることですら、じつは著者の持つ「何か」がもたらしたものであるということも、行間から読み取ることができる。

（二〇一六年一一月四日掲載）

44

それでも、日本人は「戦争」を選んだ

加藤陽子＝著

新潮社

2016年
文庫判／512頁
定価990円
（本体900円）

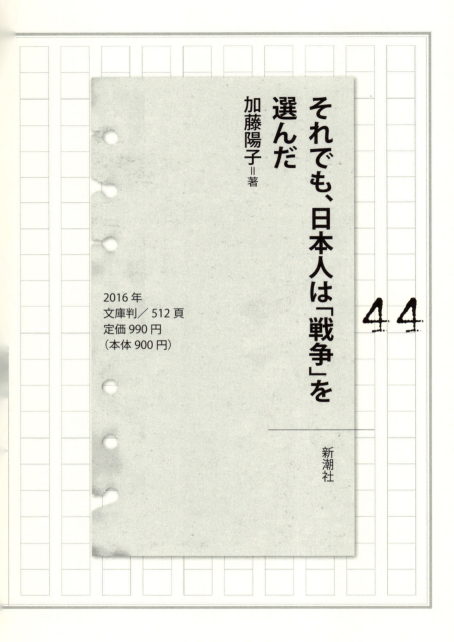

中高生向けの講義をまとめたものであり、語りかけるような文章と随所の問答形式での叙述により、たいへん読みやすい。

後知恵ではなく同時代の視点から、戦争がなぜ始まり、その結果何が起こり、それがどのように次の戦争につながったかを解きほぐす。読者は自分が当時の国民あるいは内外の政府関係者であるかのように考えさせられる。日清、日露戦争の結果、参政権が拡大してきたとか、日本の対外戦略は安全保障の確保という点で一貫していたなど、不勉強で知らなかったことが続々と明らかになる。

単行本として発行されたのは二〇〇九年だが「国民の正当な要求を実現しうるシステムが機能不全に陥ると、国民に、本来見てはならない夢を疑似的に見せることで国民の支持を獲得しようとする政治勢力が現れないとも限らない」との一節には、歴史を繰り返させてはならないと身が引き締まる。


（二〇一七年一月六日掲載）

45

AI時代の働き方と法

2035年の労働法を考える

大内伸哉＝著

弘文堂

2017年
四六判／240頁
定価2200円
（本体2000円）

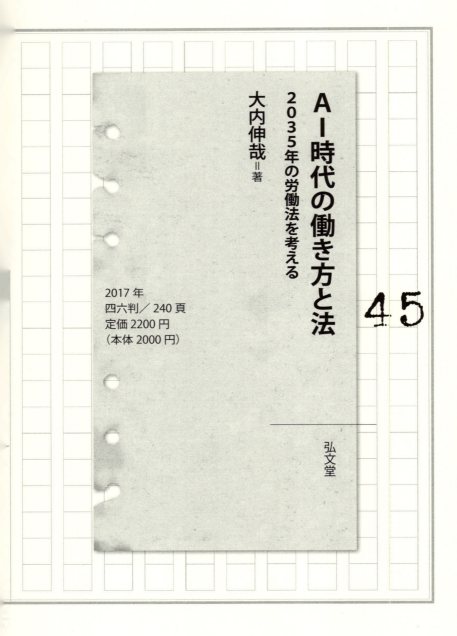

命名が巧みだ。人工知能（ＡＩ）に限らず技術の進歩や社会の変化に労働法がどう対応すべきかを考察しているのだが、「ＡＩ時代」と言われると心惹かれる。

すぐに思いつくのは、テレワークによる「事業場」や「労働時間」という概念の崩壊やクラウドソーシング（不特定多数への業務委託）による業務委託と労働契約の相対化などである。単純労働力を時間で切り売りする工場労働者を搾取から守るという前時代的な発想の労働法では対応できない。

労働立法全体では労働市場法（雇用政策）が圧倒的に多く、今後も重要であり続けるとの指摘には盲点を突かれた。日常の仕事では個別労働紛争の解決に苦労しているが、高く広い視点で立法論にも目を向けるべきだと自戒した。

最終章で、労働法は使命を終えつつあると予言しているが、そう捨てたものでもあるまい。「知的創造的活動促進法」などと、巧みに命名すればよい。

（二〇一七年二月二四日掲載）

遠山啓

行動する数楽者の思想と仕事

友兼清治＝編著

2017年
四六判変型／400頁
定価3300円
（本体3000円）

太郎次郎社エディタス

46

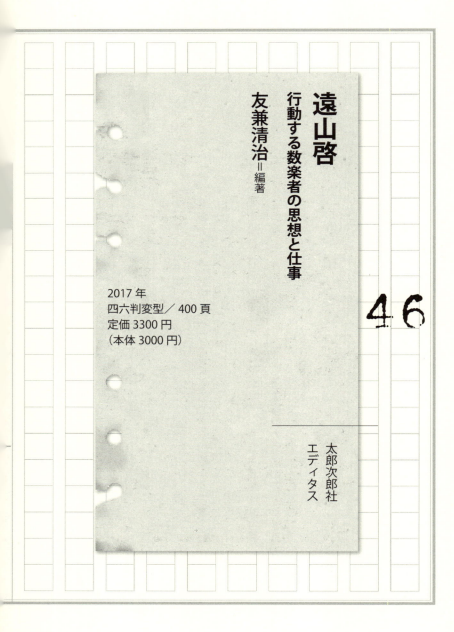

著名な数学者であるのみならず、教育論者、社会運動家としても活躍した遠山啓氏の評伝である。かつて遠山氏の担当編集者であり、同氏の思想や文章を知り尽くす著者による地の文と引用とが、不即不離に響き合っている。

「人間というものの底知れなさ、測りがたさにたいする畏れの感情を失ったとき、その瞬間から教育は退廃と堕落への道を歩みはじめる」との一文が印象的だと思っていたところ、そっと後ろ袖にも引用されていることに気づきうれしくなった。人間に対する深い洞察と優しさに満ちた遠山氏の教育論は、今なお強力なメッセージを放ち続けている。実現できない理想論とあきらめてはならない。

ところで、「恩送り」という美しい言葉を「あとがき」で知った。ご恩を次の世代に送るという意味である。ご恩をお返しし損ねている多くの方々に「恩送り」で報いてゆこうと決意を新たにした。

（二〇一七年四月一四日掲載）

47

徳川家康

われ一人腹を切て、万民を助くべし

笠谷和比古＝著

ミネルヴァ書房

2016年
四六判／476頁
定価3850円
（本体3500円）

すでに語り尽くされて評価が固まっていると思われる数々の事象について、新たな見方が示されている。関ケ原の戦いにおける秀忠の遅参の意味や、小早川の裏切りの真の原因、毛利軍の傍観的態度の理由などである。さらに、家康は豊臣との二重政権を目指していたことや、それにもかかわらず大坂の陣で豊臣を滅亡させた理由も明らかにされる。

種明かしは本書に譲るが、いずれの新説も説得力がある。人間の感情を織り込んでこそ、歴史を正確に理解でき、歴史を学ぶ意義があるということがわかる。

この徳川による統治が、「天下公共の公益の実現」にかなうものであれば「徳川の存在は是認され」るが、「徳川のための政治に堕するならば、それはその存在意義を失う」との問題提起は重い。徳川政権もさることながら、現在の世界の統治体制のうち、是認されるものはどれほどあるのだろうか。

（二〇一七年六月九日掲載）

48

訳せない日本語

日本人の言葉と心

大來尚順＝著

アルファポリス

2020年
文庫判／224頁
定価748円
（本体680円）

英訳が難しい言葉の訳し方を検討する本ではない。「訳せない」理由を分析し、言葉の奥にある思想を解明する本である。

「いただきます」の対象は「いのち」であり、"I am so sorry for taking your life and greatly appreciate receiving your life." となる。「よろしくお願いします」を英語で言う場合、「何を」お願いするか明示する必要がある。"That's life." には、神からの強制なので諦めるというニュアンスがあるのに対し、「しょうがない」には事実を自然と受け入れる姿勢が感じられる。

他にも「せっかく」「ご縁」「もったいない」「おかげさまで」などの深い意味が明らかにされる。これらの言葉が仏教に関係することは周知だと思われるが、本書では英語という鏡に映しているため、別の角度からの姿が見える。外国語を知ることによって自国への理解が深まることを示す好例でもある。

（二〇一七年八月四日掲載）

49

はじめてのNPO論

澤村明・田中敬文・黒田かをり・西出優子＝著

有斐閣

2017年
A5判／250頁
定価2090円
（本体1900円）

書名が不思議だ。読者にとって「はじめて」、すなわち入門書という意味だと思ったが、「史上はじめて」との掛け言葉かもしれない。非営利法人（ＮＰＯ）を考える基本的な視点を、豊富な具体例を引いて体系的にわかりやすく検討しており、類書が見あたらない。簡潔に述べられている「企業とＮＰＯ」「地縁とＮＰＯ」「ＮＰＯのコンプライアンス」などのテーマは、いずれも深い研究に値する。

最近の日本私法学会で、非営利法人に関する諸法律が「何を参考にしてどのような理由から設けられたのかわからない細かな規定で溢れている」状況にならないように、との警鐘が鳴らされている。また私見だが、非営利法人のアドボカシー（政策提言）活動とメンバーの思想・信条の自由との関係が今後問題になると思われる。

本書のような的確な入門書を手がかりに、非営利法人をめぐる研究や議論が進むことを期待する。

（二〇一七年一〇月二〇日掲載）

50

死の貌《かたち》

三島由紀夫の真実

西法太郎＝著

論創社

2017年
四六判／304頁
定価3080円
（本体2800円）

一九七〇年に、作家の三島由紀夫が自衛隊において隊員たちに対しクーデターを呼びかけたのちに割腹自殺をした事件は、今なお幾多の謎を残し、研究者たちの行く手を阻んでいる。

著者は膨大な裁判記録を熟読し、関係者と粘り強く面談するなどして数々の新たな事実を突き止めた。「花ざかりの森」の自筆原稿、「眠れる美女」やノーベル賞をめぐる川端康成への強烈な怨念、自らをモデルにしたブロンズ裸像を自分だけの墓所に建立する計画など、衝撃的の一語に尽きる。

多岐にわたる資料を詳細に分析し、時を隔てた一見無関係な事象やさりげない一文、発言などを一つの文脈上に位置づける過程はスリリングである。

たとえば、ネタバレしない程度にとどめておくが、川端が徴兵検査に備えて生卵を飲んでいたことと、三島の作品「暁の寺」で主人公が老女に生卵を与える場面、さらには同「天人五衰」の大団円でのせりふが、多重露光で妖しく一枚の絵にまとまる。

黒地に金色の裸像を配し、白抜きと赤字でタイトルを浮かべた表紙（と裏表紙）も鬼気迫る。まるで三島と著者の執念が重なり合っているかのようだ。

（二〇一八年一月五日掲載）

イサム・ノグチ

庭の芸術への旅

新見隆＝著

51

2018年
四六判／328頁
定価3520円
（本体3200円）

武蔵野美術大学出版局

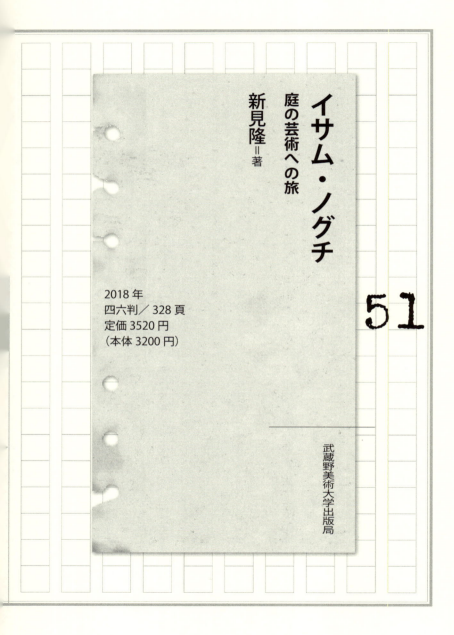

時空を超えた「旅」の本である。二十世紀を代表する国際的な彫刻家、イサム・ノグチの足跡を縦軸でたどり、横軸に古今東西の芸術作品や遺跡などとの連想をからませ、さらにそれらを至近から精査したり高空から俯瞰《ふかん》したりする。

個々の作品やエピソードの解釈・論評の間に芸術論や問題提起、独白などがちりばめられ、複眼的に話が展開するが、誤解を恐れつつまとめると、一貫した大きな視点があるようだ。

その一つは、父が日本人で母が米国人であるノグチを「調停者」と位置付ける視点である。調停の対象は、現代と原始、東洋と西洋、芸術品と実用品、父性と母性など随所に登場する。

もう一つは、サイトスペシフィック（その場所に固有）という視点である。ノグチの作品は「何でもかんでも運び込んで、シャープでモダンな建物の、白い壁に飾ってきた美術館」にはおさまらない。

このように見ると、「庭」が本書の通奏低音である理由が浮かび上がる。庭は調停の着地点としての安らぎの空間であり、サイトスペシフィックの究極である。牟礼《むれ》（香川県）をはじめとする庭を「旅」したくなる。

（二〇一八年三月二日掲載）

52

絶滅の人類史

なぜ「私たち」が生き延びたのか

更科功＝著

NHK出版

2018年
新書判／256頁
定価902円
（本体820円）

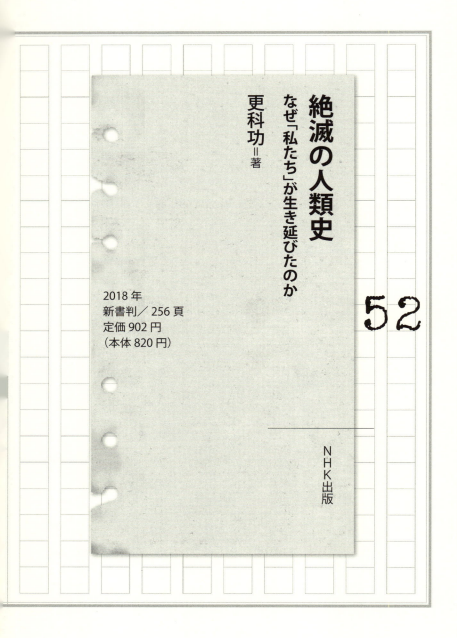

「我々の祖先は弱かったので生き残った」と物語が始まる。

これまで、一種類の人類が単線的に進化して我々（ホモ・サピエンス）に至ったと考えられてきたが、じつは同時期に複数種の人類が併存し戦った結果、我々が生き残ったという事実がわかってきている。

我々は「弱かった」のでアフリカを追い出され、世界各地に広がるしかなかった。

生物の盛衰は優劣ではなく偶然や幸運によるものであり、おごってはならないと知る。仮説はスジが通っているだけでなく証拠が必要だとして、わずかな証拠からさまざまな仮説を論証する過程が面白い。直立二足歩行が進化したのは食糧を運搬するためであるという仮説がある。謎解きは本書に譲るが、犬歯（牙）が小さくなったことと一夫一婦制が関係する。また、ネアンデルタール人が我々に負けて滅びたのは、我々が華奢《きゃしゃ》、つまり弱かったため燃費がよく迅速に移動できたからだと推測されている。

人類の脳は数万年前から次第に小さくなっているとの事実を受けて、AIに絶滅させられるような未来にはならないと「信じたい」と、物語が結ばれる。そう信じたい。

（二〇一八年五月一一日掲載）

カラスの教科書

松原始＝著

2016年
文庫判／368頁
定価792円
（本体720円）

講談社

53

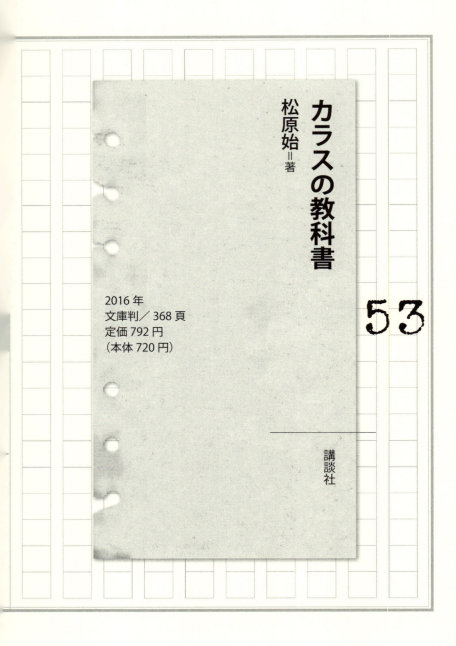

八咫烏《やたがらす》に導かれたサッカーの日本代表が、W杯で名勝負を見せてくれた。神の使いとされるカラスに思いをはせるのに絶好の書だ。

とくに子育てのエピソードがほほえましい。雌が抱卵中、巣の位置を知られないように、餌をとってきた雄は、少し離れた場所から小声で雌を呼び出し、雌は餌を受け取ると迂回して巣に戻る。ひなの誕生後、雌が巣を空けている間に突然雹交じりの氷雨が降り始めると、近くにいた雄が巣の上で翼を広げてひなを守った。氷雨の下でこの光景を観察し続ける著者の姿を想像すると、胸に迫るものがある。

カラスの名誉のため、数々の誤解も解かれている。「いきなり襲ってくる」のではなく、巣に近づく人に、鳴く→後をつける→かすめ飛ぶ、と順に警告しているのだが、初期の軽い警告に気づかないと、「いきなり」「襲う」に見えてしまう。また、人目につく所で獲物を仕留める姿が残虐に見えるが、戦闘能力や飛行能力が低いための、やむをえない行動なのだと言う。

全編を通じ、著者のカラスへの愛情がほとばしる。何となくカラスを嫌っていた方々の見方が変わること請け合いである。

（二〇一八年七月一三日掲載）

江戸城の全貌

世界的巨大城郭の秘密

萩原さちこ＝著

54

2017年
四六判／272頁
定価1760円
（本体1600円）

さくら舎

この一年くらいの間、江戸城の名残を歩き回り、点や線がようやく面に広がってきた。もう少し歴史や背景を知りたいと思っていたところ、最適な本に出会った。歴史、天守、御殿、石垣という章立てで、濠《ほり》の水面の高さや石垣の石の出どころなどの「立体的な」情報や、焼失・再建の歴史など「四次元」の動きが繁簡を得てまとめられている。著者が有するであろう膨大な知見や思い入れを抑え、基本的な事実とデータを淡々と解説しているので、入門書として読みやすい。

これは本書によるものではないが、江戸城の地割をした僧天海は、「この地」が永遠に残るよう祈りを込めたと言われる。北の丸公園の森は動植物の楽園として都心に潤いを与え、市ケ谷から神楽坂方面、半蔵門から日比谷方面などを望むと、ビル群の手前の濠が空の広さを心地よく感じさせてくれる。

後半の「江戸城を歩く」は簡潔にまとまっており、有用である。未踏の地は今後の楽しみにしたい。最終章の「江戸城の秘密」では、上水システムなどの話題がやや唐突に取り上げられている。続編への予告と期待する。

（二〇一八年九月二一日掲載）

55

フォッサマグナ

日本列島を分断する巨大地溝の正体

藤岡換太郎＝著

講談社

2018年
新書判／240頁
定価1100円
（本体1000円）

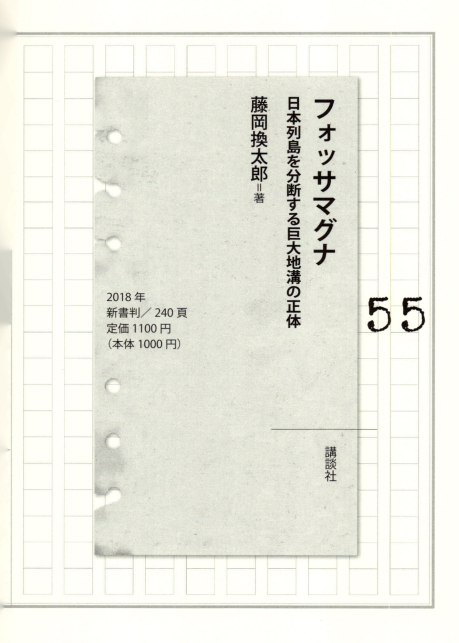

盆地の向こうに屏風のように聳《そび》え立つ山々――。中央高速からの見慣れた風景だが、地質学的には世界でも類を見ない珍しいものだとのこと。日本列島を中心から分断するこの巨大な溝（フォッサマグナ）の正体をミステリー風に解明する。謎解きの鍵は、図や写真でわかりやすく説明されている。

著者は海洋の専門家なので、海から見た分析が多くなっている。日本列島は深海から立ち上がった急峻《きゅうしゅん》な山なのだから、そのような視点が必要なことは理解できる。

誰にも答えがわからないなら、与えられた材料で仮説をいかにうまく説明できるかが勝負である。著者は「妄想」「荒唐無稽」などと随所で予防線を張っているが、前提事実と各論点についての諸説を示して大胆な自説を論証する試みは成功していると思う。想像も及ばない長期間（地質学的には短期間か）に偶然が重なった大自然の驚異を思い知るばかりだ。

詳細はすべて本書に譲る。内容そのものもさることながら、「議論の方法」が面白かった。著者の意図との間に「巨大な溝」のある読み方だったかなと思いつつ……。

（二〇一八年一一月一六日掲載）

仏像〔完全版〕

心とかたち

望月信成・佐和隆研・梅原猛＝著

56

2018年
B6判／360頁
定価1980円
（本体1800円）

NHK出版

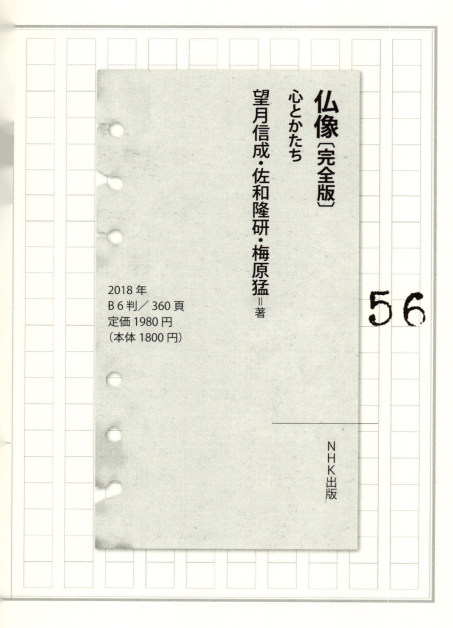

「金ぴかの仏像が本当の姿なのに、彩色された仏像を見ると通俗さを感じるわれわれの目が問題である」

落慶直後の薬師寺西塔の鮮やかな朱塗りに違和感を覚えていたころ、本書のこの一節に出会った。先日、久しぶりに再訪したところ、黒光りする仏様たちがむしろ浮いているように見えた。目が変わったせいか、それともこの間に復興された絢爛《けんらん》な大講堂や食堂などのなせる業かは定かでない。

本書は、仏像を感傷的に詠嘆するのではなく、しかし実証的に分析するものでもなく、形に込められた意味（心）を探るという挑戦的な試みをまとめたものである。そしてじつは、その神髄は仏像の現代的意味の考察にある。「自己の正義で相手を裁こうとすると、世界の破滅の危険がある」「政治の中心の薬師様がうるおって、地方の薬師様が貧困な民衆の無理な願いに苦労してはならない」「曼荼羅《まんだら》は、闘争を世界におしつけるヨーロッパ的生命観を克服する」などの指摘は、今なお「現代」の問題である。

一九六五年に刊行された本書を購入したのは一九八三年（第八十一刷！）。新装版が二〇一八年に刊行された。

（二〇一九年二月一日掲載）

57

プラスチックの祈り

白石一文＝著

2022年
文庫判／上・392頁
　　　　下・408頁
定価上・880円
　　下・902円
（本体上・800円
　　下・820円）

朝日新聞出版

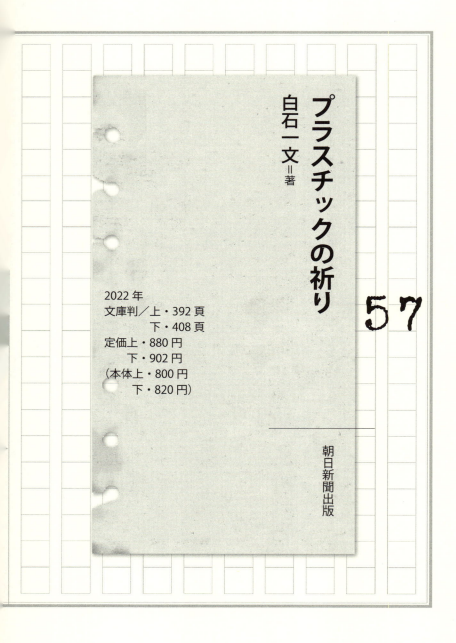

小説を読むときに、あらかじめジャンルを分けて、たとえばミステリーだから論理パズルの緻密さと斬新さだけを評価し、ホラーだからサイコパスの残虐な殺戮《さつりく》方法だけに注目するというように読むと、真価がわからないおそれがある。ジャンルにとらわれない読み方を受け入れてくれる作品が面白く、そのような柔軟な読み方のできる読者でありたいと思う。さらに読後感がすがすがしく、何か考えさせるものが余韻に残れば申し分ない。

本書において、自分の記憶が信じられなくなってゆく不安感と焦燥感は「スリラー」であり、わずかな手がかりからその謎を解く過程は「ミステリー」である。体がプラスチック化するという「SF」的な設定をさておけば、「私小説」の様相も呈する。さらに、記憶とは、認識とは、事実とは、そして自分とは何かを考えさせる「哲学書」とも言えそうだ。

約六百五十ページの長編の最後の最後に、強烈な一撃が待ち構えており、クラクラして全体像をまとめるのにしばらく時間がかかった。帯には「問題作《スリラー》」とある。そう、本書のジャンルは、ジャンルを超越した「問題作」だ。

（二〇一九年四月一二日掲載）

58

皇室と茶の湯

依田徹＝著

淡交社

2019年
A5判／144頁
定価2640円
（本体2400円）

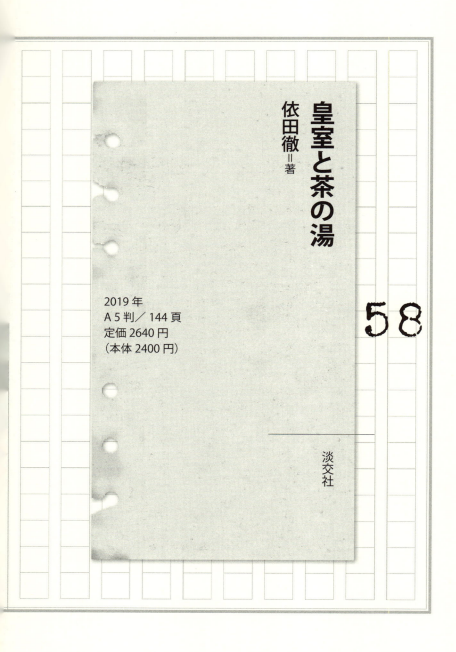

題名が控えめである。やや盛り気味にはなるが、「政治・経済・文化における公家と武家の緊張関係――茶の湯を軸として」といった感じが内容に即していると思われる。

織田信長は、石山本願寺との停戦を仲介した正親町《おおぎまち》天皇に茶壷を献上したが、それだけにとどまった。これに対し豊臣秀吉は、より踏み込んで、御所に赴き同天皇に茶をたて、公武の境界線をなくした。徳川家康は、「禁中並公家諸法度」で天皇の職務や（茶の湯を含む）公家の文化を規制した。これにより、天皇が将軍に統治を委託しているという「大政委任論」が根拠づけられ、それが幕末の大政奉還につながった。このような大局的な歴史の流れが、著名な天皇や公家にかかわる茶会や茶道具の解説の間に、さりげなくまとめられている。

著者は、遠山記念館（埼玉県川島町）に所属する。同館の中心は、証券業界で「天皇」と呼ばれた遠山元一氏の旧邸宅で、現在では再現できない素材と技術を結集した和建築の最高峰である。付設された美術館は、茶の湯をはじめとする多彩な分野の作品を所蔵する。この環境も研究と創作のインスピレーションの源泉ではないだろうか。

（二〇一九年六月二一日掲載）

59

重森三玲　庭園の全貌

中田勝康＝著・写真

学芸出版社

2009年
A5判／288頁
定価4400円
（本体4000円）

先日、高野山の福智院を訪れた。ここには、大作庭家の重森三玲が晩年に造った庭園が三つある。その一つ「愛染庭《あいぜんてい》」は、本書の評のとおり、迫力ある連山と林立する石柱が際立っている。本堂から見ると、青砂の筋が参道のように延び、その筋によって左右に切り分けられた白砂と赤砂の市松模様が目を引くが、この意匠は山門側からはよく見えない。人間からは見えないものがあるが、愛染明王（愛欲を悟りに導く仏）はすべてお見通しということだろうか。

本書には百を超える重森作の庭が制作年順に掲載され、各庭のカラー写真と解説が見開きに収まっている。仮に日本庭園や重森につき予備知識がなくても、華麗な巨石群、抽象絵画のようなデザイン、色とりどりの敷石などを、あたかも画集のように楽しめると思う。後半には、古典的な作庭の素材（石、砂、苔《こけ》など）や技法（滝、島など）がまとめられ、それらを土台とする重森の斬新な作庭思想が分析されている。

三十数年前の冬曇りの日、京都の東福寺光明院の「波心庭《はしんてい》」にえたいの知れない胸騒ぎを覚えたのが、重森作品との出会いだった。本書を読んで、まだ見ぬ多数の庭に思いをはせている。

（二〇一九年八月二日掲載）

60

火の路〔新装版〕

松本清張＝著

2009 年
文庫判／上：496 頁、
　　　　下：512 頁
定価各 946 円
（本体 860 円）

文藝春秋

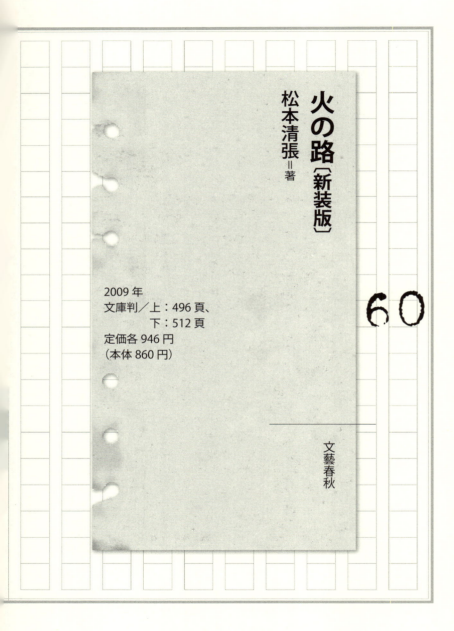

奈良市高畑町のほの暗い骨董店と「圧殺」という気味の悪い言葉が、目と耳に残っている。一九七六年に「シリーズ人間模様」としてテレビ放映された。

学界を追われた考古学者と気鋭の研究者をめぐるミステリー——。だが、「学術論文」と「イラン現地調査」が多くのページを占め、清張の新鋭の論証が本筋のように見える。飛鳥に点在する益田岩船や酒船石などの謎の石造物は、ペルシャから伝来したゾロアスター教の祭祀《さいし》の施設だという説である。

現在の飛鳥はのどかな田園地帯で、これが日本の原風景だと思いがちだが、千数百年前には異国の人々が行き交う国際都市で、政権をめぐる人間模様が渦巻いていた。個々の文物も、一つの地域や宗教「だけ」に由来するのではなく、さまざまな要素が融合したものなのだろう。清張説はその源流の一つに位置付けることができそうだ。

最後に私事になるが、テレビ放映の直後に、上製クロス装箱入り上下二巻の、当時としてはかなり高価な本書を思い切って買った。何と父親もちょうど目をつけており、貸してあげたところ、たいへん喜んでくれた。ちょっとした、しかし貴重な、父親との思い出の一つである。

（二〇一九年八月三〇日掲載）

哲学と宗教全史

出口治明＝著

61

ダイヤモンド社

2019年
A5判／468頁
定価2640円
（本体2400円）

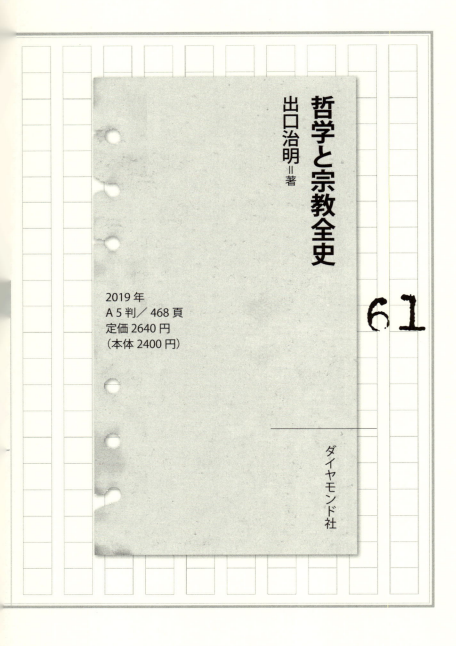

全世界・全時代の哲学と宗教がわずか（！）四百五十ページほどにまとめられ、名前しか知らなかった多くの哲学者や宗教家の考え方や「位置関係」が巨視的にわかる。とくに、同時代で横串を刺した「ヘレニズム時代の中国」や「キリスト教と大乗仏教」などの視点が面白い。

バビロン捕囚からほとんどのユダヤ人はエルサレムに戻らなかったとか、大乗仏教はブッダの教えとは無関係であるなどの小知識も満載。私の本業との関係でも、英国のベーコンらが唱えた帰納法と欧州大陸のデカルトらが唱えた演繹《えんえき》法が、英米法の判例法主義（個別案件の判決から原則を導く）と大陸法の制定法主義（法律の原則を個別案件に適用する）につながることに思い至った。

科学の進歩に伴い哲学や宗教の守備範囲が狭くなり、哲学の役割は各民族や文化における神や歴史などの意味の分析にとどまるとする「構造主義」が登場した結果、およそ考えられる思考パターンは出尽くし、哲学はとどめを刺されたとの見方も示されている。が、科学の方向・限界や普遍的な人生の指針を明らかにするという哲学と宗教の意義は不動ではないか。著者からの宿題と解釈しよう。

（二〇一九年一一月一日掲載）

絵を見る技術

名画の構造を読み解く

秋田麻早子＝著

2019年
四六判／288頁
定価2035円
（本体1850円）

朝日出版社

62

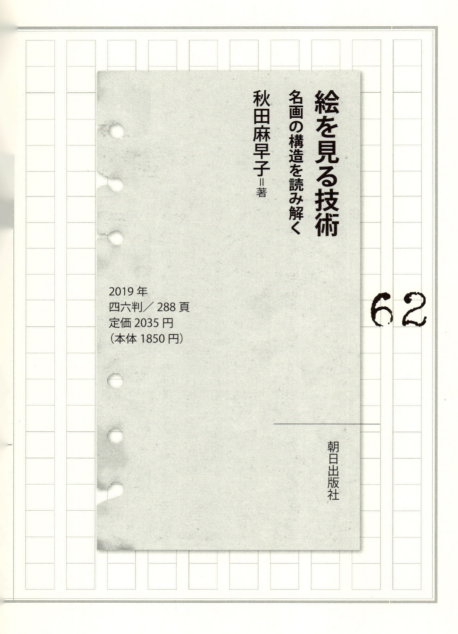

不勉強だからいけないのだが、美術館ではいつも「もやもや」を感じていた。解説を見れば「この絵」の見どころや優れた点はわかるが、ほかの「あの絵」には応用できない。と思っていたら、本書には「どの絵」にも適用できる「技術」が示され、もやもやを解消してくれそうだ。

通常、絵を見るためには神話や聖書、歴史などの「知識」が必要とされるが、本書では、視点やバランス、比率などの「見方」が示され、それによると、いかなる絵でもどこをどう見ればよいかがわかる。多数のカラー図版と数学の参考書のような模式図が理解を助けてくれる。

「目のつけどころは、明暗の落差が激しいところや、線が集まっているところである」「視点の移動経路には、周回型、ジグザグ型、放射型がある」「主役の反対側に、バランスをとる何かが置かれている」などと、漠然とした感覚を言葉で法則化されると、文字どおり目からうろこである。巨匠たちが法則を知って実践したのか、それとも直感の累積が結果的に法則を成しているのかは不明だが……。

彫刻や陶磁器、さらにはクラシック音楽や能などの「もやもや」を解消する「技術」も登場することを期待している。

（二〇二〇年一月一〇日掲載）

63

実践事例からみる
スクールロイヤーの実務

石坂浩・鬼澤秀昌＝編著
宍戸博幸＝著

日本法令

2020年
A5判／404頁
定価4180円
（本体3800円）
＊現在、改訂版
2023年
A5判／420頁
定価4400円
（本体4000円）

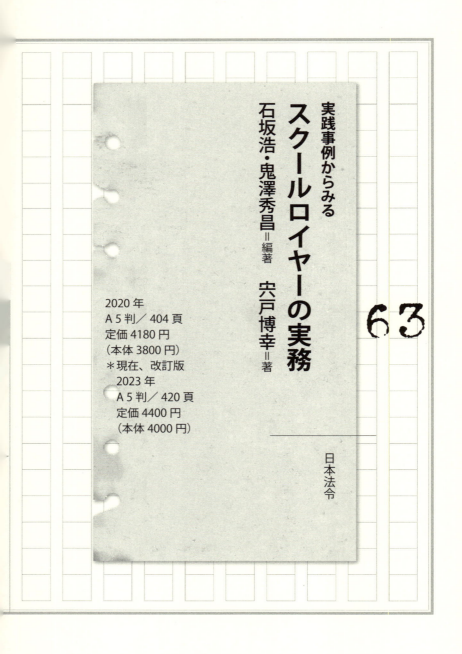

弁護士向けのマニュアルに見えるかもしれないが、およそ教育に関心がある人たちにとって有益な示唆に富む。豊富な実体験をもとに、法律論に加え心理学や教育学の知見を集大成した「現場の知恵」である。

一貫して子どもを最優先する視点から、「モンスターペアレント」「いじめ」「不登校」などについて、背景や各関係者の立場、問題点を整理し、「こうすべきだ」ではなく「こう考えよう」という指針を示す。いじめや不登校の背景には学級崩壊があることが多いとか、いじめの多くはスクールカーストの「間」ではなく、似た者同士のカースト「内」で起こるなどの指摘にも目を開かせられる。

難しい問題もある。スクールロイヤーの役割は、学校を弁護することではなく、学校に対し中立的に助言することであるとされる。この中立性の実現には慎重な制度設計が必要であり、同様の役割を担う「ホスピタルロイヤー」や「ガバメントロイヤー」などにも同じ問題がある。先般、編著者の鬼澤弁護士はスクールロイヤーに関する文部科学省のアドバイザーに就任しており、その経験を生かした続編が期待される。

（二〇二〇年三月一三日掲載）

64

方丈記に人と栖《すみか》の無常を読む

吉川弘文館

大隅和雄＝著

2004年
四六判／302頁
定価3300円
（本体3000円）

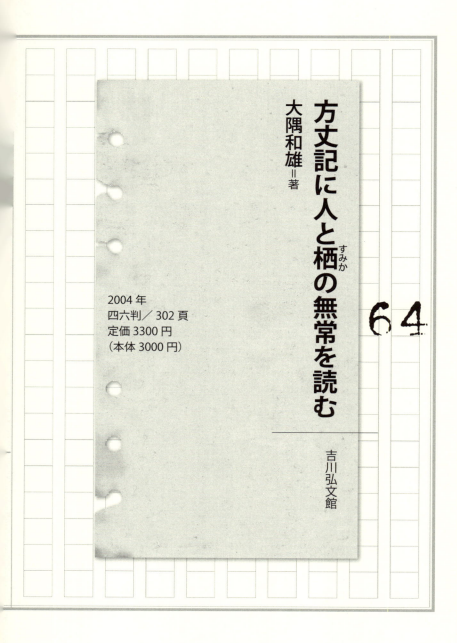

『方丈記』は時代に応じてさまざまに読まれてきた。本書によると、富国強兵の明治期には、隠遁《いんとん》生活は好ましくないと批判されていた。太平洋戦争以降は、各種の災難を記述した前半が重視されてきた。だがその後、鴨長明の人生と思索を述べた後半が重要だとの考えが登場した。最新の読み方は、視点がミクロになるが、震災や疫病のリスクを顧みずに人々が都市に集中する愚かさ、だろうか。

長明が「書かなかったこと」を軸にした分析も面白い。たとえば、長明は救いの境地については語らず、とらわれの少ないほう、すなわち、より小さい家に移り続けているだけだとの指摘がある。日本人が「絶対」を追求せず、諦めたり慰めたり納得したりして現実と折り合いをつけながら生きていることを示す一例である。現在、疫病が蔓延するなか、人々が良くも悪くも「適当に」判断して行動する世情が思い浮かぶ。「無常」に思いをはせたくなる今日このごろである。思い詰めるよりも、いや、思い詰めた結果として、高校の恩師が授業で語った「無常スパイス論」（無常も人生の彩り）も救いの一つかもしれない。

（二〇二〇年八月七日掲載）

誰も知らない熊野の遺産

梅嶺レイ＝著

2017年
新書判／256頁
定価1078円
（本体980円）

筑摩書房

65

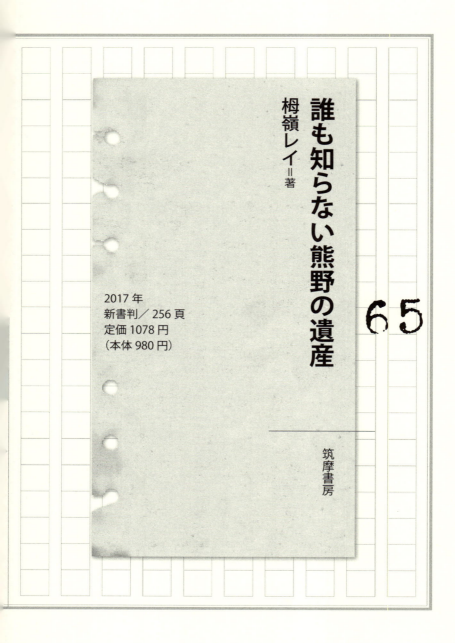

地理的にも精神的にもディープな熊野が凝縮され、多数のカラー写真が読者を異界に導く。極端に人間中心で即物的な現代社会を、このような世界観から見直すべきではないかと考えさせられる。著者の真意を理解しているか自信はないが、言葉を補いつつ解読を試みる。

地球温暖化などで環境や生物が損なわれているが、修験道の自然観によると、大地は生物の亡骸《なきがら》の積み重ねであり、木や岩や土こそが神霊である。世界中で差別や格差が問題になっているが、湯の峰温泉には平安時代から多数のハンセン病患者が訪れ地域住民と食事をともにするなどしていた。消費がなくても新たな需要を生む政策によって経済が回っているが、無駄な消費をせずに豊かに暮らすことはでき、現に熊野にはそのような人々がいる――。このような指摘がさりげなくちりばめられ、それらは獣道の踏破や古文書の調査、現地での聞き取りといった膨大な努力に裏打ちされている。

昨秋、熊野を訪れたが、何カ所かで危険を感じ撤退を余儀なくされた。自然の圧倒的な力と「帰って来られたこと自体が熊野詣のご利益」だということを実感した。

（二〇二〇年一〇月一六日掲載）

66

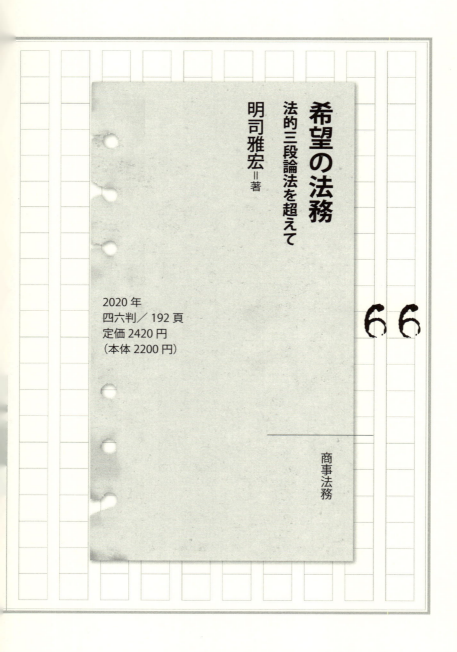

企業の法務部の役割と仕事について、細かい知識や小手先の技術ではなく、大局的な考え方が書かれている。法律を学ぶ学生や法務部員向けに見えるが、法務部と協働して取引を交渉・実行する企画・営業部員などにも有益な示唆を与えてくれる。

法務部は「リスクを指摘するだけで、取引を阻害する」と批判される。そうならないように、現場とコミュニケーションを密接にとって事業の内容を理解し、「この契約にはこの条文が絶対に必要」などの先入観を捨てるべきだと言う。そして、法務部員は「ラーメン通」になるのではなく、「ラーメン屋」になるべきだと続ける。評論家ではなく、「自らビジネスをしている」意識を持つべきだという意味だ。さらに、多彩な分野の書籍からの引用がちりばめられ、意外性を期待しながら気楽に読み進めることができる。

今後の法務部のあり方についても、前向きな指摘や提言が多数ある。たとえば、AI（人工知能）の進歩により法務部の存在意義が薄れてしまうのではないかとの不安に対し、「書かれていないのが問題である事項」を指摘できるのは人間だけであると断言する。ほかにも「希望」にあふれたエールが満載だ。

（二〇二〇年一二月一一日掲載）

東京裏返し

社会学的街歩きガイド

吉見俊哉＝著

67

2020年
新書判／352頁
定価1078円
（本体980円）

集英社

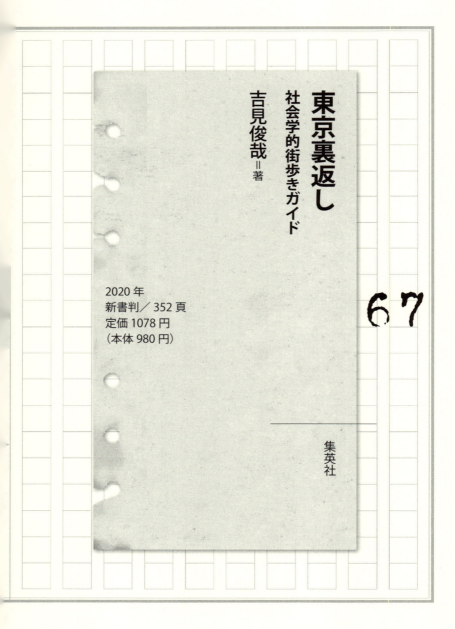

本書の「裏返し」とは、経済を優先した「成長」によって都市が失ってしまった人間性を取り戻すという、積極的な発想の逆転を意味する。

東京の「街歩き」を通じて、その具体例が示される。江戸時代から大正時代くらいまでは文化の中心だったのに、現在では周縁に追いやられてしまった感のある東京都心の北部が主役である。

自動車や地下鉄のような速度優先ではなく、人間の自然な視点に立つ路面電車を、都電荒川線（現存する唯一の路線）を軸として復活させる。上野駅前に陰鬱に覆いかぶさる歩行者用デッキを撤去して地上に広場を造る。日本橋川・神田川や昭和通りを塞いでいる首都高の高架を地下化または撤廃し、川や通りを表舞台に戻す。周囲との関わりを拒否しているスカイツリーを、浅草や墨田川の本所とつなぐ——。ほかにも名案が満載だ。

これらの風景をご存じの方々にとっては、「そのとおり」と共感する提言ばかりだと思う。裏返した結果を想像すると、豊かな都市・東京の姿が目に浮かぶ。本書を携えて街を歩いてみれば、如実にそれを実感できるだろう。都市再開発のあり方を考えるうえでも参考になる。

（二〇二一年二月一九日掲載）

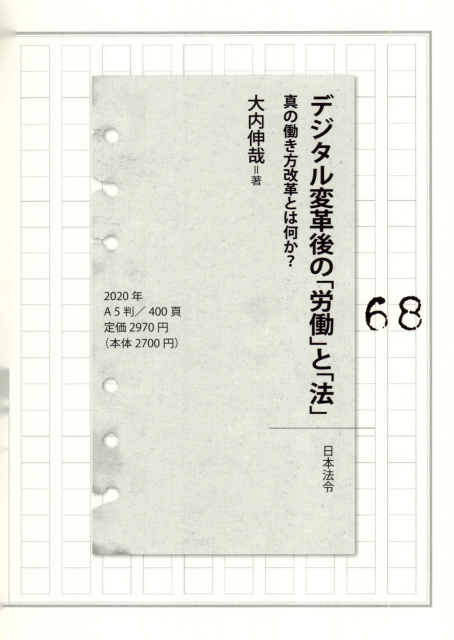

雇用の歴史と現状を概観し、近未来における方向性を予想する。「日本型雇用システムの終焉《しゅうえん》」「環境問題への配慮」「新たなルールの模索」を大きな柱とするが、三本目の柱に集約されそうである。

会社に従属する労働者は労働法によって守られるが、独立した事業者は守られないというのが伝統的な枠組みだった。だが事業者にあたるウーバーの配達員やコンビニのオーナーも保護されるべきだとの問題提起で、その枠組みが揺らいでいる。

逆に、デジタル化やシェアエコノミー化により、会社に一定時間拘束され指揮命令下で働くのではなく、自由な場所で必要な時間だけ働く「労働の請負化」(独立事業化)が進むという。個人は社会課題を解決すべく共同体に貢献するために働くようになり、「労働法」は旧来の使命を終え、個人の働き方の指針を示すものになるのではないかとも予想している。

このような変革が、新型コロナウイルスの登場で皮肉にも急加速されている。本書は、個々の読者の働き方を省みる手助けになるとともに、制度が現実から遅れてしまわないための社会全体への道しるべにもなる。

(二〇二一年四月一六日掲載)

日本史の論点

邪馬台国から象徴天皇制まで

中公新書編集部＝編

69

2018年
新書判／288頁
定価968円
（本体880円）

中央公論新社

「論点」を太い柱とする、めりはりが利いた通史という感じである。「邪馬台国はどこにあったのか」に始まり、「大化改新はあったのか」「元寇《げんこう》勝利の理由は神風なのか」など、通説への問題提起が続く。さらに、「江戸は『大きな政府』か『小さな政府』か」「大日本帝国とは何だったのか」など統治体制を大局的に見直すテーマも興味深い。各時代の専門家五人が執筆している。

それぞれの論点のネタバレは避け、歴史を見る大きな視点の指摘を一つだけ紹介しておく。それは、転換期においても、社会は0《ゼロ》から1に突然変わったのではなく、少しずつ連続して変わってきたという指摘である。江戸時代の寺子屋や幕藩体制と、明治時代の国民皆学や廃藩置県との関係がこの文脈で論じられる。

どこかで見たことのある風景と重なる史実も多い。江戸時代に公文書の廃棄につき真剣な議論がなされ、その議論自体も文書に残されている。明治憲法下の政府のガバナンスは属人的な調整に依存しており、調整者の退場により機能しなくなる。

歴史を議論することにより、先入観の払拭や発想の転換などの重要性を再認識できる。

（二〇二一年六月一八日掲載）

機械カニバリズム
人間なきあとの人類学へ

久保明教＝著

2018年
四六判／224頁
定価1815円
（本体1650円）

70

講談社

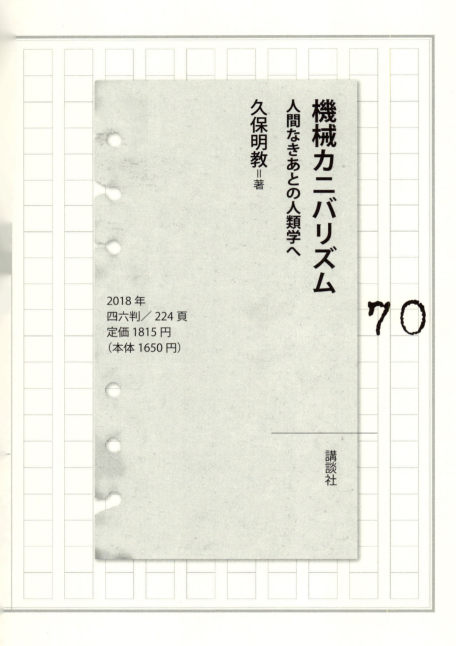

「機械」と「カニバリズム（食人）」が共演する題名に当惑するが、「カニバリズム」とは「他者の視点から自らを捉え、自己を他者としてつくりあげるための営為」であるとの説明によって安心できる。

前半では将棋ソフトが題材になる。人間は予定した「物語」を一貫させようとするが、ソフトは状況が変化すれば自らの直前の手と一貫しない手であっても指す。しかもソフトには「恐れ」がないため、「美しくない」「品がない」手も躊躇なく選ぶ。だが、ソフトが人間よりも強いかどうかは、「強い」の定義によると著者は言う。仮に政策決定や経営判断にソフトを用いる時代が来た場合、「ビジョン」や「感情」をどう扱うかは、「正しい」の定義にかかわる大問題だ。

後半ではSNSが取り上げられる。哲学や言語学などの議論もあるが、それらの知識がなくても十分に面白いと思う。即時で反射的な「つぶやき」は人格の一貫性を混乱させ、発信する行為は誰かに監視され評価されたいという動機によって変容を遂げると分析する。

食うか食われるかではなく、いかに共生するかが問題だ、などというありきたりのまとめでは語り尽くせない深さがある。

（二〇二一年八月二七日掲載）

71

よくわかる一神教

ユダヤ教、キリスト教、イスラム教から世界史をみる

佐藤賢一＝著

集英社

2024年
文庫判／328頁
定価814円
（本体740円）

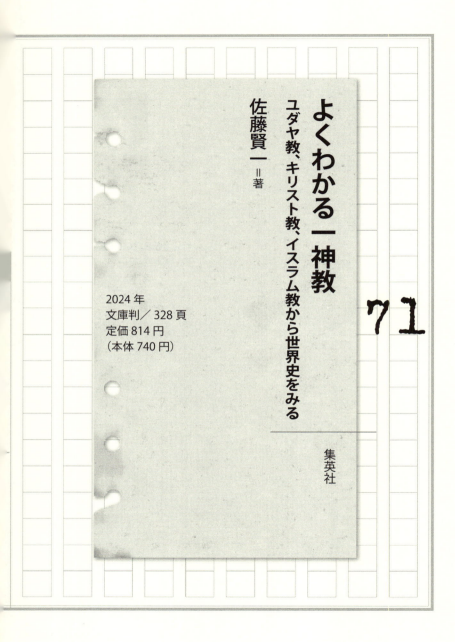

折しも本書を読み始めた日に、アフガニスタン政権の崩壊が報じられた。本書は、一神教（ユダヤ教、キリスト教、イスラム教）について、多神教（仏教や神道など）の視点からは理解しがたい点を、古代、中世、近現代に分けてわかりやすく説明している。

目次を見ると「唯一神はどこから来たのか」「三宗教はなぜひとつになれないのか」「なぜキリスト教には聖人がたくさんいるのか」など、拾い読みしたくなるような疑問が満載である。

そして、政治と宗教とのかかわりが随所で明らかになる。キリスト教会が政治権力を持ったのは、人々の出生、婚姻、死亡などを把握する「役所」としての機能があったから。十字軍はビザンツ帝国が領土争いのためにけしかけたもの。イスラム教は優れた宗教だったためにかえって政教分離が難しく近代化が遅れたが、西欧社会は政教分離をうまく使って発展を遂げることができた――など多岐にわたる。

末尾でウクライナ問題を「時代錯誤の感もありながら、今日なお宗教の力というのは考えている以上に大きい」と総括している。世界情勢の把握には宗教の理解が必須ということが痛切にわかる。

（二〇二一年一〇月二九日掲載）

72

デジタル・ファシズム

日本の資産と主権が消える

堤未果＝著

NHK出版

2021年
新書判／272頁
定価968円
（本体880円）

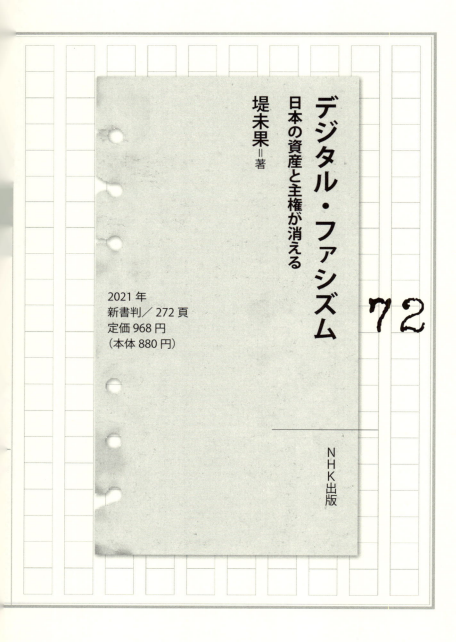

最近、日本経済新聞に、「国境越えるビッグブラザー」「テック企業から民主主義守れ」「データこそ経済安全保障の要」という論説が、立て続けに掲載された。本書の警鐘と同じ方向のように読める。なお念のため、「ビッグブラザー」とは、ジョージ・オーウェルの近未来小説『1984』に登場する、国民を常時監視している独裁者である。

世界はデジタル化を無批判に「善」と考え、その方向に進んでいるようである。しかし、デジタル化により、権力者が個人情報を掌握し強力な専制統治を行うことができるようになる、と本書は警告する。行政手続のデジタル化やキャッシュレス決済により個人情報が集約され、しかも、それが外国の政府や企業の手に渡るおそれすらある。さらに、教育のデジタル化により、画一的で営利中心の教育になってしまう。このようなことを、実際の法制度の欠陥や諸外国の失敗例などを通じて予想している。すべてそのとおりかどうかは知る由もないが、重要な指摘であろう。

ではどうすればよいか。本書が最後に示す方策は端的で簡明なのだが、具体的にどう実行するかが問題だ。個々人の自覚と民主主義の真価が問われる。

（二〇二一年一二月二四日掲載）

73

書きたい人のためのミステリ入門

新井久幸＝著

新潮社

2020年
新書判／224頁
定価836円
（本体760円）

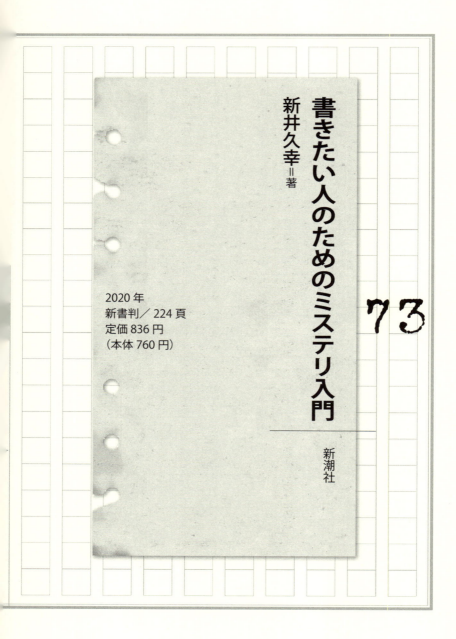

「タイトルは最大のキャッチコピー」と著者は言う。本書のタイトルは実直だが、やや謙虚すぎるかもしれない。

まず、書き方は読み方に通じるので、読みたい人のためにもなる。そして、注目すべき作品が百本ほど紹介されている。しかし、これは序の口。

本当にすごいのは、企画書や提案書、プレゼン資料など、およそ人を惹きつけ説得するための文書に応用できる数々の技術である。——冒頭に魅力的な謎を提示する。伏線を周到に張って、きちんと回収する。

文章を書く際の心がまえも随所に登場する。——ちゃんと読んでくれればわかる、と読者に求めるのは筋違い。偏った知識や読書は、想定内の結論しか生まない。塗り絵ではなく、自由に絵を描く。

さらに、裏技めいたノウハウまで。——ダミーの解決案を示してそれらを削除してゆくと、論理的に見える。種明かしするよりも少し早い時点で、読者に気づいてもらう。

そこで僭越ながらタイトルを提案させていただく——「すべての文章はミステリに通ず」(本書中の一文を改変)。キャッチコピーどころかネタバレだったら、おわびいたします。

(二〇二二年三月一二日掲載)

74

一汁一菜でよいという提案

土井善晴＝著

新潮社

2021年
文庫判／240頁
定価990円
（本体900円）

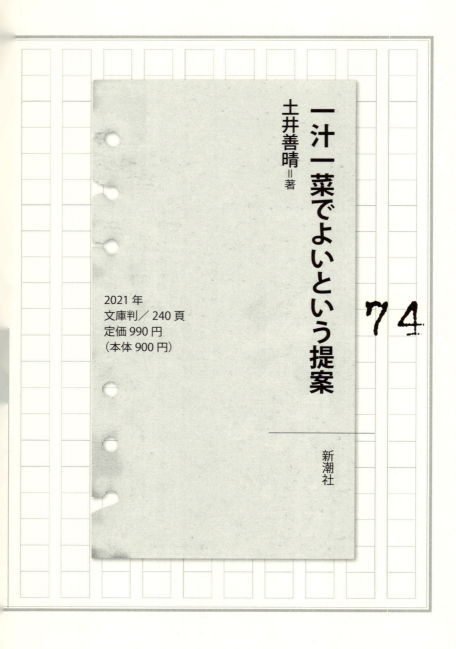

「土井先生の言葉に救われた」という謝辞が数多く寄せられているとのこと、当然であろう。本書には、家庭料理は一汁一菜でよい、手間をかけないほうがよい、おいしくなくてよい、レシピに従う必要はないなど、料理をする人への優しいメッセージがあふれている。

「一汁一菜」とは気休めや言い訳ではなく、自然を慈しみ感謝し、素材を尊重し無理に手を加えないなどの、日本文化の源流に根差した「思想・美学・生き方」であると言う。ただし、「これは環境保護やＳＤＧｓを意識したものだ」というような力を込めた解釈は、著者の本意に沿わないのではないだろうか。数々の至言は、自然体で語った結果、おのずと滲み出たものだと思われる。

なお、本書と同様のテーマは、別著『料理と利他』でも取り上げられている。両著のアプローチの違いを、著者の言葉を借りて強引にたとえると、本書は家庭料理（素材の自然な味）で、『料理と利他』は料亭の料理（素材から味を抜き取って味付け）という感じかもしれない。

在宅勤務を奇貨として、著者の料理番組を見まくり、毎日料理をしてみて、著者の優しさと慧眼をいっそう実感している。

（二〇二二年五月二〇日掲載）

75

アフターコロナの「法的社会」日本

社会・ビジネスの道筋と転換点を読む

長谷川俊明＝著

経済法令研究会

2022年
A5判／200頁
定価1980円
（本体1800円）

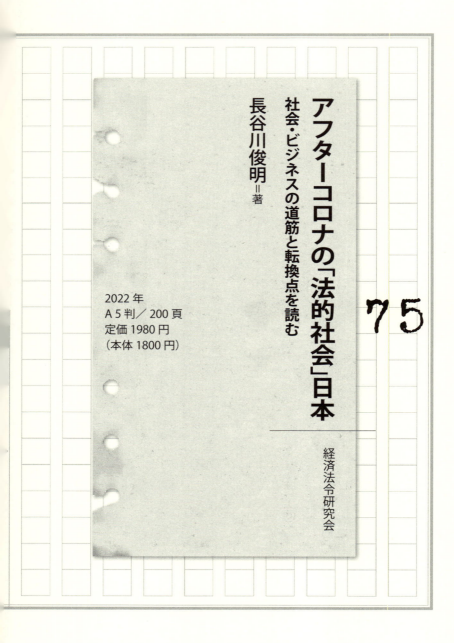

長年にわたり国際法務界をリードしている匠の業である。書名には「法的」とあるが、日本論や比較文化論などの様相も呈し、一般的な啓蒙書としても活躍することを確信する。

それぞれ「〇〇社会」と題する十七の章から成り、「〇〇」には、「個人主義」「取引」「競争」など古典的なものから、「ガバナンス」「サステナブル」「リモート」など最先端のものまでが入る。それらを歴史や文化など巨視的な文脈に位置付け、日本社会の諸相、外国との比較、欠けている点、目指すべき方向を語る。

「訴訟社会」では、「日本人は紛争を嫌う」というステレオタイプではなく、「裁判所に納める訴訟費用が請求額に応じて高額になる」のも理由であるとの冷静な指摘がある。「契約社会」では、明治時代の不平等条約の改正に遡り「アンフェア」とは何かを論じる。「透明性社会」では、世阿弥『風姿花伝』や谷崎潤一郎『陰翳礼賛』などを引いて、日本の美意識から説き起こす。「デジタル化社会」では、「光と影」「揺り戻し」などバランスがとれた観察を示す。二百ページにして、密度の濃い本である。

（二〇二二年七月二二日掲載）

Slowdown　減速する素晴らしき世界

ダニー・ドーリング＝著

遠藤真美＝訳　山口周＝解説

東洋経済新報社

2022年

A5判／540頁

定価3080円

（本体2800円）

76

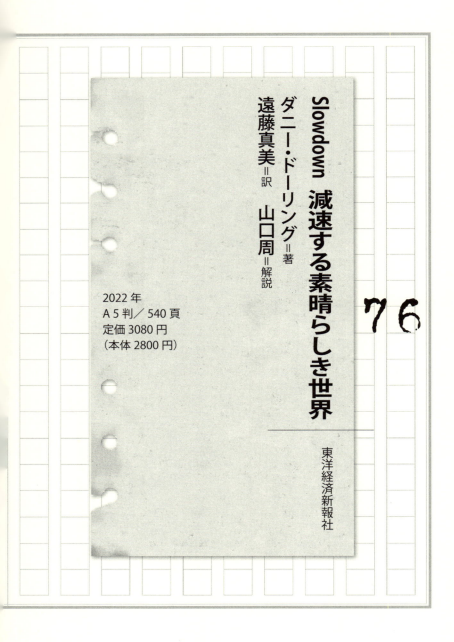

数年前に「加速」を強調する本が話題になったが、本書はそれに逆張りで対抗しているというわけではなさそうだ。

多岐にわたる膨大なデータを分析した結果、情報や人口、経済などあらゆる事象は、進んではいるのだが、その「加速度」は減少していると指摘する。そして、振り子が振り切って戻るように、いずれ反転すると言う。

減速は悪いことではなく、豊かさや余裕をもたらす。減速によって「『最先端』で『最新』の消費財を次々に投入して、消費者をカモにするのも難しくなる」とか「モノを長く使うようになって、ゴミが減る」など挑発的な、しかしある意味もっともな言葉が印象的だ。

日本向けのリップサービスかもしれないが、日本は減速の最先端を走っており、「もう増加する必要がないもの――人口、建物の数、消費全般の変化が終わりを迎えていることを示す例」であると述べている。

ただし、著者は淡々と事実を示すだけで主張や提言はしていない。また、じつは減速していない重要な分野があるのだが、処方箋は読者への宿題である。

（二〇二二年九月三〇日掲載）

77

投資思考

王道を歩き続けてきた著者が明かす、キャリアと人生を豊かにする26の原則

野原秀介＝著

実業之日本社

2022年
四六判／192頁
定価1650円
（本体1500円）

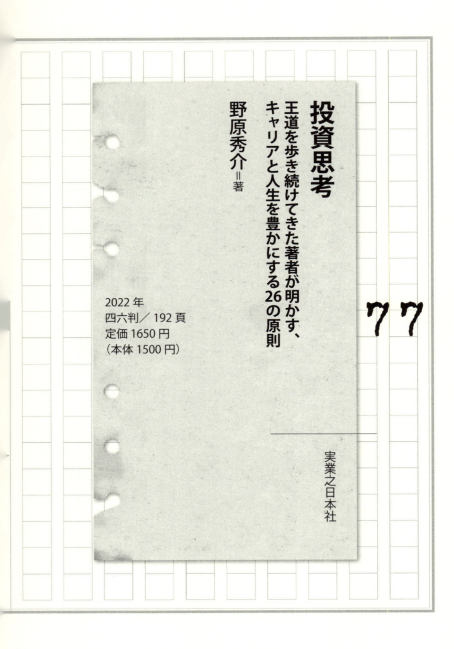

投資における思考方法や判断基準は、投資の対象を「人生」と設定すれば、あらゆる意思決定に応用できる。

この種のテーマは、具体的すぎると自慢話集になり、抽象的すぎるとキャッチコピー集になってしまう。しかし、著者は巧みにバランスをとり、役にたつ指針を示す。成功や失敗といった目立つイベントだけでなく、日常の何でもない経験をも糧にしており、冷徹な自己観察と貪欲な向上心がうかがえる。

「マーケットは常に正しい」との投資格言を引き、「自分に対する評価が低すぎる」と他者を責めるのではなく、自分の価値を高めよと説く。オプション（ある資産を取得できる権利）をネタにして、選択肢があること自体に価値があるが、その価値は時間の経過により失われると警告し、転職を例にとる。それでは、鶏むね肉の切り方（写真つき！）から、著者はどんな教訓を導き出すか――読んでのお楽しみだ。

本書がおもに想定する若い読者の皆様においては、「しょせん強者の論理さ」と反発したり、「自分には無理」とあきらめたりせずに、少しずつでも実践することをお勧めする。志は高いほうがよい。

（二〇二二年一二月一二日掲載）

世界の憲法・日本の憲法

比較憲法入門

新井誠・上田健介・大河内美紀・山田哲史＝編

有斐閣

2022 年
四六判／ 304 頁
定価 2860 円
（本体 2600 円）

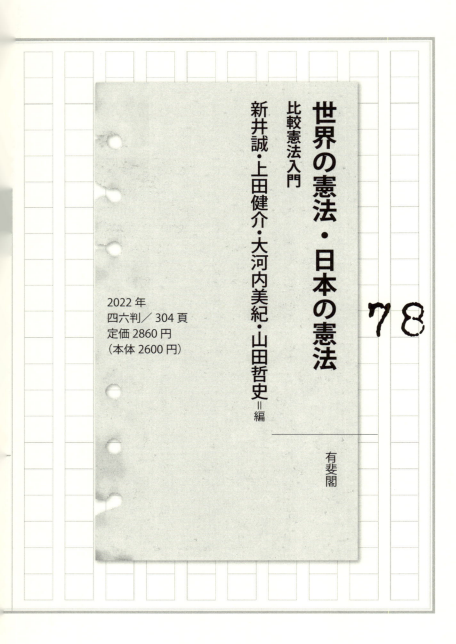

内外に喫緊の課題が山積で憲法改正どころではない世情だが、むしろ腰を落ち着けて考える好機かもしれない。

本書はテーマごとにさまざまな国の憲法を横断的に検討する学術書であり、政治色がないため心安らかに読める。改正候補とされる防衛、緊急事態、選挙制度などはもとより、ジェンダー、有害表現、新しい人権など最先端のテーマもカバーしている。そして、主要先進国のみならず、キューバ、コソボ、南スーダンなど、あまりなじみのない国々の憲法も引いている。

イタリア憲法には風景を保護するという条文があり、さすがという感じだ。オーストラリアやカナダでは先住民の権利が憲法上保障されており、歴史の陰を垣間見る思いがする。いずれも日本ではあまり議論されていないが、考えなければならない問題かもしれない。

さらに言うと、本書は「憲法」に盛り込むかどうかは別として、およそ考えなければならない社会問題のリストを示している。参考文献も充実しており、本書を入口にして、興味のある分野を掘り下げるのも有効な利用法だと思われる。

（二〇二三年二月一〇日掲載）

能から紐解く日本史

大倉源次郎＝著

2021年
四六判／246頁
定価1980円
（本体1800円）

扶桑社

79

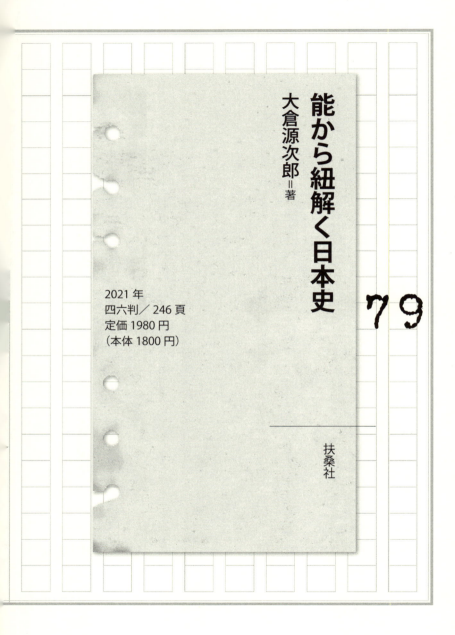

日本史という軸によって、雲をつかむようだった「能」が少しわかりかけた気がする。著者は「定説や歴史的事実からはずれたことも書いてしまっている」と謙遜するが、誰にもわからない空白地帯を経験に基づく推理で埋めるのは合理的だし、語弊をお許しいただければ――面白い。

「夕顔」は源氏物語を素材としつつ、天台宗の教えを取り込み、しかしじつは権現思想を忍び込ませている。「翁」は稲作の伝播を物語るが、ローマやペルシャの影響もある……などの興味深い指摘が数々登場する。

能の構成を「インセプション」（夢中夢を題材にした映画）になぞらえたり、一人の中で複数の人格がせめぎ合うさまを「トムとジェリー」（ネコとネズミが登場するコメディアニメ）でネズミのジェリーの頭の上で天使と悪魔が闘う場面を引いたりするなど、それらをご存じの読者にはぴんとくる比喩もほほえましい。

能は自然崇拝に基づく権現思想を源流として、その後さまざまな宗教の影響を受けてきたという理解が、全編の底流にあるようだ。これは日本の文物の多くにあてはまるのではないか、などと飛躍して納得した。

（二〇二三年四月一四日掲載）

80

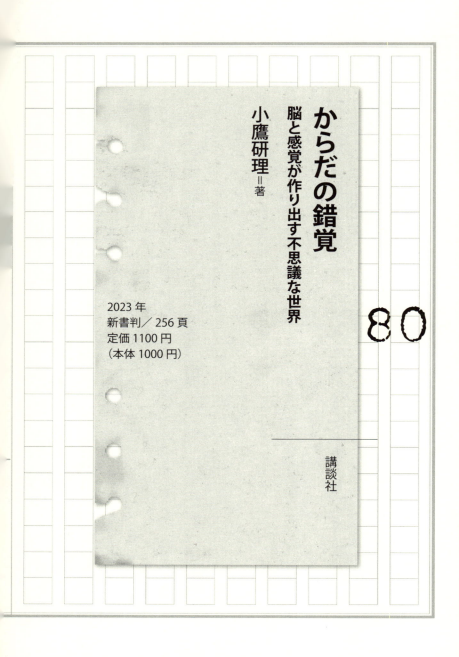

AさんがBさんの耳たぶを下向きに軽く引っ張るのと同時に、もう一方の手をBさんの耳たぶから大きく下に動かすと、Bさんは耳たぶが長く伸びたように感じる。このような錯覚の数々が図を使って紹介され、驚くばかりである。

感服するのは、触覚や視覚がどう認識(誤認)して錯覚が生じるかを、各感覚の立場(?)から明解に説明している点である。基本的な構造は、触覚の位置情報が完全に正確ではないため、触覚と視覚が誤ってつながるということのようだ。

さまざまな錯覚やその原理の総合的な応用として、幽体離脱のメカニズムを解明し、メタバースは幽体離脱であり危険をはらむと警告する。何が問題で、どうすればよいかが、大いに気になる。

ほかにもいろいろと疑問がわいた。自分をくすぐってもくすぐったくないのは、錯覚と関係するのか。鏡で左右が反対なのは、人体が左右対称なので鏡の中に回転して入り込んで重ねようとするからではないか。本書中の「痛みとは、生きることを諦めていないことのサイン」という名言は、精神的な痛みにもあてはまるのか。できれば続編で教えてください。

(二〇二三年六月九日掲載)

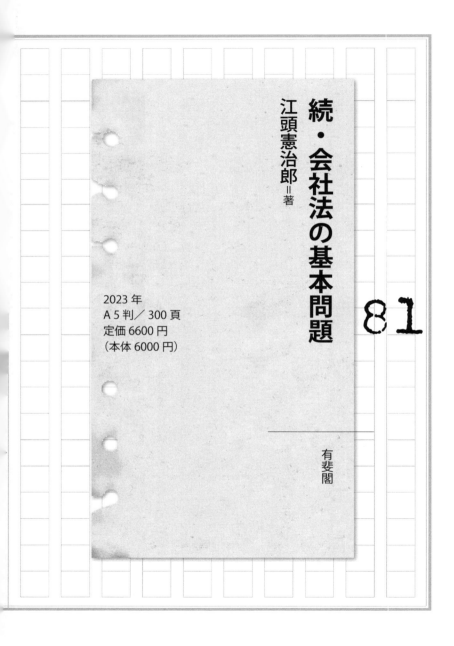

会社法学の大家の論文集である。専門的な学術書だが、法律論を超えた大局的な「考え方」を随所で説いており、非専門家にも多大な示唆を与えてくれると確信する。

コーポレート・ガバナンスに関する諸論文では、会社法改正の方向が目的と不整合であり、政府がコーポレート・ガバナンスを成長戦略の一環と位置付けているのは不合理だと断じる。そして抜本的な改革の糸口を示しているが、実現は容易ではなさそうだ。

企業買収における株価の算定に関する諸論文では、会社の支配権自体に付加価値があるとされる根拠を分析し、その当否を検討する。企業価値とは何かを考えさせられる。

それを言ってはおしまいかもしれないくらいの一刀両断もある。ある事象（ネタバレ回避のため詳細は割愛）の原因は「法制ではなく、企業社会全体の風潮である」。この指摘は、ほかの多くの事象にもあてはまると思われるが、企業人に「風潮」を変える覚悟はあるだろうか。

最後に、自戒も含め専門家に向けて――流行の話題を追いかけるだけでなく、「基本」を地道に研究する姿勢も持ちたいものである。

（二〇二三年八月四日掲載）

リーガル・ラディカリズム

法の限界を根源から問う

飯田高・齋藤哲志・瀧川裕英・松原健太郎＝編

有斐閣

2023年
A5判／462頁
定価5280円
（本体4800円）

82

書名の「ラディカリズム」（急進主義、原理主義）もさることながら、副題の「法の限界を根源から問う」も的確に挑発的である。「法」と言っても、私の日常業務とはかけ離れた、大所高所どころか異次元の話題ばかりで、（よい意味で）めまいを覚えた。むしろ、哲学や歴史、政治、宗教などに広く興味がある読者の方々のほうが、すんなりと読めるかもしれない。

「ルールの破り方」「デモクラシーと戦争」「くじ引きの使い方」「死者の法的地位」「人の等級」「法の前の神々」という六つの「お題」に、法哲学、法制史学、法社会学、比較法学の専門家が、それぞれの視点から切り込む。「くじ引きで決めて何が悪いか」「死刑はほんとうに取り返しがつかないか」「純然たる能力主義により社会はどうなるか」など、まさに根源からの問いが続々と登場する。

「法と、法的に認められがたい宗教的領域との折衝」は不断に続く、という趣旨の記述が目にとまった。この「法」を「経済」「政治」「科学」などに置き換え、「宗教」を「感情」「習俗」「文化」などに置き換えると、学際的な研究分野は無数にありそうだ。

（二〇二三年一〇月一三日掲載）

83

ぼくはイエローでホワイトで、ちょっとブルー

ブレイディみかこ＝著

新潮社

2021年
文庫判／336頁
定価737円
（本体670円）

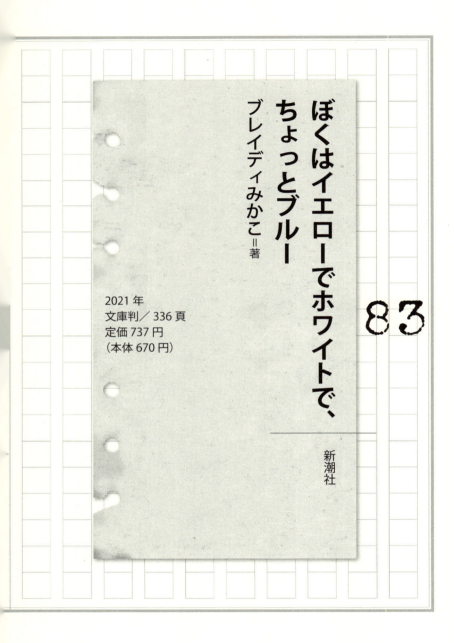

二〇一九年本屋大賞ノンフィクション部門を受賞。『黄昏のロンドンから』（木村治美、一九七六年）や『イギリスはおいしい』（林望、一九九一年）などとは一味違う英国論の古典になりそうだ。刊行後に勃発したコロナと戦争を受け、本書が提起する問題の重みはさらに増している。

英国の現地中学校に入学した息子の成長物語――にはとどまらない。日常生活においてこともなげに続々と発生する小事件が、格差や差別、多様性を実感させ胸に刺さる。著者がアフリカ系の同級生の母親に「夏休みにはどこかに出かけるのですか」と尋ねたら、怒りだしてしまった件。その理由は想像を超えている。他者を傷つけないように気を遣うべきレベルが、ひどく高いことに驚く。逆に、著者が里帰りしたときの経験は、日本社会の無頓着さを物語る。

私事になるが、EUの発足を控え静かな高揚感に包まれたロンドンに、家族三人で一年ほど住んでいた。懐の深い社会だと思っていたが、本書によると変わってしまったらしい（EUも離脱したし）。世界が分断されつつあるなか、英国社会は寛容さを持ち続けている（いや、取り戻せる、かな）と信じたい。

（二〇二三年一二月一五日掲載）

84

日本の父へ

グスタフ・フォス＝著

1980年
文庫判／234頁
定価264円
（本体240円）
＊現在、オンデマンド版
2002年
文庫判／228頁
定価2530円
（本体2300円）

新潮社

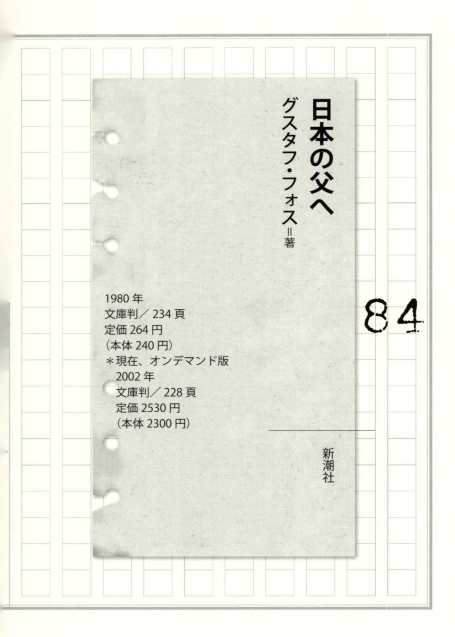

グスタフ・フォス師はドイツ人のカトリック司祭で、私の母校である栄光学園（神奈川県）の初代校長に一九四七年に就任した。

折しも我々二十五期生が卒業した一九七七年に師は退任され、ほぼ同時に本書が刊行された。本書は師自身の父親を範としてあるべき父親像を説いたもので、外国人が書いた硬派な教育論として話題になった。

しかし私は、刊行直後にこれを読んだ父親の「要するに厳しくしろということだな」とのひとことにカチンときていた。本書の父親像は、当時においても「伝統的」なもので、現在ではいっそう時代遅れに見えるかもしれない。しかし、その根幹は時代を超えた正論である。いわく、子どもの心の教育に必要なのは父親の適度な制御である、ものわかりのよい「民主主義パパ」になるな、しつけの責任を社会や学校に押し付けてはならない。

一方、我が身を省みると、子どもにカチンとこられるのを恐れて厳しくできない父親だった。それは棚に上げて、偉大な師から教えを受けたことを、あらためて感謝し誇りに思う。

（二〇二四年三月八日掲載）

おわりに

皆様はなぜ本を読むのでしょうか。私は「面白い」からです。何が面白いかと言いますと……、この本をまとめたことによって、答えが見えてきたような気がします。

面白さの一つは、頭の中で電球がピカッと光る「新たな気づき」に出会うことです。ある事柄が、一見関係なさそうなほかの事柄と関係しているとか、見方を変えると違う説明もできる、などと気づくと楽しくなります。

もう一つは、仮説を論証する「方法論」を知ることです。知識や情報を得るだけでなく、「ものの考え方」や「議論の進め方」を知ると、頭が柔軟になる感じがします。

最後に、「普遍的な何か」を学ぶことです。特定の時代や事象に関する本だとしても、それを超えたメッセージを読み取ることができると、世界が広がります。

この本が、本の面白さをお伝えできて読書の世界を広げるお役にたてれば幸いです。

＊＊＊

この本は、二〇〇九年から二〇二四年までの間、日経産業新聞の「私の本棚」というコーナーに掲載した書評をまとめたものです。同紙の休刊により連載が終了したため、これを機にまとめておきたいと思いたちました。さらに、本好きの方々のお役にたつこともできるのではないかという期待もありました。それがこのように形になり、感無量です。

各書評の文章は基本的に原文のままで、表現を多少修正しただけです。ただ、皆様が読んでみたいと思う本があった場合に入手しやすいように、書誌情報は現時点のものにアップデートしたもののみを掲げてあります。

末筆ではございますが、好きなように選んだ本について好きなように書いた文章を長期にわたり掲載してくださった日本経済新聞社様と歴代の編集担当者様に感謝の意を表します。また、弘文堂様におかれては、右のような思いと期待を受け止めて、このような特殊なテーマの本の出版をご快諾いただき、また、同社の北川陽子様におかれては、そもそもこの本の企画を通すことをはじめとし、全般にわたりご指導・ご提案をたまわり、ありがとうございました。

二〇二四年八月

著者 仲谷栄一郎

著者紹介
仲谷栄一郎（なかたに　えいいちろう）
弁護士（アンダーソン・毛利・友常法律事務所外国法共同事業）
1982年　東京大学法学部卒業
1984年　弁護士登録
1991-92年　Allen & Overy 法律事務所（英国ロンドン）
2002年-　アンダーソン・毛利・友常法律事務所外国法共同事業
2007-08年　早稲田大学法学部非常勤講師（国際租税法）
2016年-　法務省日本法令外国語訳推進会議構成員
主要著書　『人事と税務のクロスレファレンス』（中央経済社）、『国際取引と海外進出の税務』（税務研究会）、『仕事でよく使う・すぐに応用できるビジネス契約書作成ガイド』（清文社）、『合同会社のモデル定款―利用目的別８類型』（商事法務）、『初歩からきちんと英文契約書』（中央経済社）、『租税条約と国内税法の交錯』（商事法務）、『契約の英語』（全２巻）（日興企画）、『交渉の英語』（全３巻）（日興企画）

本と出会う本

2024（令和６）年10月30日　初版１刷発行

著　者　仲谷栄一郎
発行者　鯉　渕　友　南
発行所　株式会社　弘　文　堂　101-0062 東京都千代田区神田駿河台１の７
TEL03（3294）4801　振替00120-6-53909
https://www.koubundou.co.jp

装　幀　大森裕二
印　刷　大盛印刷
製　本　井上製本所

ISBN978-4-335-36006-0